东汉龙虎铜镜

王纲怀　陈灿堂　编著

上海古籍出版社

图书在版编目(CIP)数据

东汉龙虎铜镜/王纲怀,陈灿堂编著.—上海:
上海古籍出版社,2016.4
 ISBN 978-7-5325-7865-8

Ⅰ.①东… Ⅱ.①王… ②陈… Ⅲ.①古镜—铜器
(考古)—研究—中国—东汉 Ⅳ.①K875.24

中国版本图书馆CIP数据核字(2015)第253442号

东汉龙虎铜镜

王纲怀 陈灿堂 编著

上海世纪出版股份有限公司
　　　　　　　　　　　　　　　　　　出版
上 海 古 籍 出 版 社
(上海瑞金二路272号 邮政编码200020)
(1) 网址:www.guji.com.cn
(2) E-mail:guji1@guji.com.cn
(3) 易文网网址:www.ewen.co
上海世纪出版股份有限公司发行中心发行经销
上海丽佳制版印刷有限公司印刷
开本889×1194 1/16 印张14.75 插页4 字数300,000
2016年4月第1版 2016年4月第1次印刷
ISBN 978-7-5325-7865-8
K·2123 定价:168.00元

如有质量问题,读者可向工厂调换

東漢龍虎銅鏡

王綱懷教授編著

丙申立春 杜鵬飛敬署

彩图1 东汉早期 鎏金龙虎交合镜（残）（图10）

彩图2 东汉早中期 维杜尹铭显雄龙虎镜（图48）

彩图3 东汉早中期 显雄龙虎镜（图52）

彩图4 东汉早期 驺氏铭二龙一虎镜（图83）

彩图5 东汉中期 李氏（单于）铭龙虎交合镜（图89）

目　录

综述 ……………………………………………………… 王纲怀　1

图版
甲　纪年铭文类 …………………………………………………… 3
图1　新莽　新有（侯氏）铭龙虎交合镜 …………………………… 5
图2　永平十六年（73）铭龙虎交合镜 ……………………………… 6
图3　元和三年（86）铭七乳龙虎镜 ………………………………… 7
图4　章和元年（87）铭龙虎交合镜 ………………………………… 8
图5　章和年（87或88）铭龙虎交合镜 …………………………… 9
图6　兴平年（194或195）铭显雄单龙镜 ………………………… 10
图7　兴平年（194或195）铭显雄单龙镜 ………………………… 11
图8　元康三年（293）铭七乳二龙一虎镜 ………………………… 12

乙　传承新莽类 ………………………………………………… 13
图9　东汉早期　上大山铭单龙镜 ………………………………… 15
图10　东汉早期　鎏金龙虎交合镜（残） ………………………… 16
图11　东汉早期　青盖铭七乳二龙一虎镜 ………………………… 17
图12　东汉早期　青盖作竟铭龙虎交合镜 ………………………… 18
图13　东汉早期　青胜铭二龙一虎镜 ……………………………… 19
图14　东汉早期　尚方铭二龙一虎镜 ……………………………… 20
图15　东汉早期　驺氏铭二龙一虎镜 ……………………………… 21
图16　东汉早期　王氏铭龙虎交合镜 ……………………………… 22
图17　东汉早期　李氏铭二龙一虎镜 ……………………………… 23
图18　东汉早期　陈氏铭双龙天禄镜 ……………………………… 24
图19　东汉早期　刘氏铭二龙一虎镜 ……………………………… 25
图20　东汉早中期　石氏铭龙虎交合镜 …………………………… 26
图21　东汉早中期　龙氏铭二龙一虎镜 …………………………… 27

丙　多乳交合类 ………………………………………………… 29
图22　东汉早中期　龙氏铭双龙虎镜 ……………………………… 31
图23　东汉早期　尚方铭八乳龙虎镜 ……………………………… 32

1

图 24	东汉早中期	青盖铭七乳双龙虎镜	33
图 25	东汉早期	青盖铭七乳双龙虎镜	34
图 26	东汉早中期	铜组铭七乳二龙一虎镜	35
图 27	东汉中期	刘氏铭四乳龙虎交合镜	36
图 28	东汉中期	王氏铭五乳双龙虎镜	37
图 29	东汉中期	法尚方铭六乳龙虎镜	38
图 30	东汉中期	三羊铭六乳双龙虎镜	39
图 31	东汉中期	池氏铭六乳龙虎交合镜	40
图 32	东汉中期	宋氏铭七乳辟邪天禄镜	41
图 33	东汉中期	陈氏铭七乳二虎追逐镜	42
图 34	东汉中期	尚方铭七乳龙虎镜	43
图 35	东汉中期	上有六畜铭七乳双龙虎镜	44
图 36	东汉中期	制取铭七乳双龙虎镜	45
图 37	东汉中期	张氏铭八乳双龙虎镜	46

丁　显雄单龙类　47

图 38	东汉早中期	七乳显雄单龙镜	49
图 39	东汉早中期	尚方铭显雄单龙镜	50
图 40	东汉早中期	显雄单龙镜	51
图 41	东汉早中期	显雄单龙镜	52
图 42	东汉早中期	显雄单龙镜	53
图 43	东汉早中期	显雄单龙镜	54
图 44	东汉早中期	显雄单龙镜	55
图 45	东汉早中期	显雄单龙镜	56

戊　显雄龙虎类　57

图 46	东汉早中期	杜氏铭显雄辟邪天禄镜	59
图 47	东汉早中期	原夫铭显雄辟邪天禄镜	60
图 48	东汉早中期	维杜尹铭显雄龙虎镜	61
图 49	东汉早中期	七乳显雄龙虎镜	62
图 50	东汉早中期	尚方铭显雄龙虎镜	63
图 51	东汉早中期	青羊铭显雄龙虎镜	64
图 52	东汉早中期	显雄龙虎镜	65

目　录

己　工匠署名类			67
图 53	东汉中期	尚方铭龙虎交合镜	69
图 54	东汉中期	尚方铭龙虎交合镜	70
图 55	东汉中期	尚方铭龙虎交合镜	71
图 56	东汉中期	尚方铭龙虎交合镜	72
图 57	东汉中期	尚方铭二龙一虎镜	73
图 58	东汉中期	尚方铭双龙虎镜	74
图 59	东汉中期	尚方铭龙虎追逐镜	75
图 60	东汉中期	尚方铭辟邪天禄追逐镜	76
图 61	东汉早期	青盖铭龙虎交合镜	77
图 62	东汉早期	青盖铭二龙一虎镜	78
图 63	东汉早期	青盖铭龙虎交合镜	79
图 64	东汉早期	青盖铭龙虎交合镜	80
图 65	东汉中期	青盖铭龙虎交合镜	81
图 66	东汉中期	青盖铭龙虎交合镜	82
图 67	东汉中期	青盖铭龙虎交合镜	83
图 68	东汉中期	青盖铭二龙一虎镜	84
图 69	东汉中期	青盖铭龙虎交合镜	85
图 70	东汉中期	青盖铭龙虎交合镜	86
图 71	东汉中期	青盖铭龙虎交合镜	87
图 72	东汉中期	青盖铭二龙一虎镜	88
图 73	东汉中期	青盖铭龙虎交合镜	89
图 74	东汉中期	青盖铭龙虎交合镜	90
图 75	东汉中期	青胜铭龙虎交合镜	91
图 76	东汉中期	青胜铭龙虎交合镜	92
图 77	东汉中期	龙氏铭二龙一虎镜	93
图 78	东汉中期	龙氏铭二龙一虎镜	94
图 79	东汉中期	龙氏铭二龙一虎镜	95
图 80	东汉中期	龙氏铭二龙一虎镜	96
图 81	东汉中期	龙氏铭二龙一虎镜	97
图 82	东汉中期	龙氏铭二龙一虎镜	98
图 83	东汉早期	驺氏铭二龙一虎镜	99
图 84	东汉早中期	驺氏铭二龙一虎镜	100
图 85	东汉早中期	驺氏铭龙虎交合镜	101
图 86	东汉早中期	驺氏铭龙虎交合镜	102

图号	时期	名称	页码
图 87	东汉中期	驺氏铭龙虎交合镜	103
图 88	东汉中期	李氏铭龙虎交合镜	104
图 89	东汉中期	李氏（单于）铭龙虎交合镜	105
图 90	东汉中期	李氏铭双虎镜	106
图 91	东汉中期	李氏铭龙虎交合镜	107
图 92	东汉中期	李师铭辟邪天禄镜	108
图 93	东汉中期	王氏铭二龙一虎镜	109
图 94	东汉中期	王氏铭龙虎交合镜	110
图 95	东汉中期	王氏铭二龙一虎镜	111
图 96	东汉中期	王氏铭二龙一虎镜	112
图 97	东汉中期	陈氏铭龙虎交合镜	113
图 98	东汉中期	陈氏铭二龙一虎镜	114
图 99	东汉中期	陈氏铭二龙一天禄镜	115
图 100	东汉中期	陈氏铭双龙单凤镜	116
图 101	东汉中期	陈众铭双龙双瑞兽镜	117
图 102	东汉中期	陈萌铭二龙一虎镜	118
图 103	东汉中期	张氏铭龙虎交合镜	119
图 104	东汉中期	张氏铭龙虎交合镜	120
图 105	东汉中期	张氏铭龙虎交合镜	121
图 106	东汉中晚期	张氏铭龙虎交合镜	122
图 107	东汉晚期	张氏铭四虎镜	123
图 108	东汉中期	青羊铭龙虎交合镜	124
图 109	东汉中期	青羊铭龙虎交合镜	125
图 110	东汉中晚期	青羊铭龙虎交合镜	126
图 111	东汉中晚期	青羊为志铭龙虎交合镜	127
图 112	东汉中晚期	青羊为志铭龙虎交合镜	128
图 113	东汉中期	石氏铭龙虎交合镜	129
图 114	东汉中期	田氏铭双龙虎镜	130
图 115	东汉中期	田氏铭二龙一虎镜	131
图 116	东汉中期	田氏铭龙虎交合镜	132
图 117	东汉中期	石氏铭天禄白虎交合镜	133
图 118	东汉中期	石氏铭龙虎交合镜	134
图 119	东汉中期	黄羊铭龙虎交合镜	135
图 120	东汉中期	黄羊铭龙虎交合镜	136
图 121	东汉中期	黄羊铭龙虎交合镜	137

图 122	东汉中期	黄羊铭龙虎交合镜	138
图 123	东汉中期	胡氏铭龙虎交合镜	139
图 124	东汉中期	胡氏铭龙虎交合镜	140
图 125	东汉中期	胡氏铭辟邪天禄镜	141
图 126	东汉中期	胡氏铭辟邪天禄镜	142
图 127	东汉中期	宋氏铭双龙虎镜	143
图 128	东汉中期	宋氏铭双龙双虎镜	144
图 129	东汉中期	宋氏铭二龙镜	145
图 130	东汉中期	三羊铭双龙虎镜	146
图 131	东汉中期	三羊铭龙虎交合镜	147
图 132	东汉中期	三羊铭四虎镜	148
图 133	东汉中期	田氏铭龙虎交合镜	149
图 134	东汉中期	田生铭龙虎交合镜	150
图 135	东汉中期	刘氏铭双龙一虎镜	151
图 136	东汉中期	杜氏铭三龙镜	152
图 137	东汉中期	吴向里佰氏铭二龙一虎镜	153
图 138	东汉中期	胡阳里朱师铭单龙镜	154
图 139	东汉中期	朱家铭单龙镜	155
图 140	东汉中晚期	袁氏铭龙虎交合镜	156
图 141	东汉中期	青龙铭龙虎交合镜	157
图 142	东汉中期	孟师铭辟邪天禄镜	158
图 143	东汉中期	徐氏铭二龙镜	159
图 144	东汉中期	蔡氏铭龙虎交合镜	160
图 145	东汉中期	夏氏铭二虎追逐镜	161
图 146	东汉中期	周仲铭龙虎交合镜	162
图 147	东汉中期	原夫铭辟邪天禄镜	163
图 148	东汉中期	遗杜氏铭辟邪天禄镜	164

附录一 以东汉中晚期为主 ································ 165

图 149	东汉中晚期	羽人捣药龙虎镜（一）	167
图 150	东汉中晚期	羽人捣药龙虎镜（二）	167
图 151	东汉中晚期	羽人杂耍龙虎镜	168
图 152	东汉中晚期	羽人导龙单龙镜	168
图 153	东汉中期	羽人吹箫龙虎镜（一）	169
图 154	东汉中期	羽人吹箫龙虎镜（二）	169

图155	东汉中晚期	羽人吹箫龙虎镜（三）	170
图156	东汉中晚期	人面凤鸟单龙镜	170
图157	东汉中晚期	虎头低垂龙虎镜	171
图158	东汉中晚期	虎头正面龙虎追逐镜	171
图159	东汉中晚期	二龙一虎镜（一）	172
图160	东汉中晚期	二龙一虎镜（二）	172
图161	东汉中晚期	上方铭二龙一虎镜	173
图162	东汉中晚期	一龙二虎镜	173
图163	东汉中晚期	巧工铭双龙虎镜	174
图164	东汉中晚期	车骑铭双龙虎镜	174
图165	东汉中晚期	无铭双龙虎镜（一）	175
图166	东汉中晚期	无铭双龙虎镜（二）	175
图167	东汉中晚期	乌龟期待单龙镜	176
图168	东汉中晚期	小鸟期待单龙镜	176
图169	东汉中晚期	单龙镜（一）	177
图170	东汉中晚期	单龙镜（二）	177
图171	东汉中晚期	朱鸟铭羽人单虎镜	178
图172	东汉中晚期	无铭单虎镜	178
图173	东汉中晚期	钱纹单虎镜	179
图174	东汉中晚期	李氏铭单虎镜	179
图175	东汉中晚期	四虎镜	180
图176	东汉中晚期	蟾蜍纹龙虎镜	180
图177	东汉中晚期	辟邪天禄镜（一）	181
图178	东汉中晚期	辟邪天禄镜（二）	181
图179	东汉中晚期	辟邪天禄镜（三）	182
图180	东汉中晚期	辟邪天禄镜（四）	182
图181	东汉中晚期	辟邪天禄镜（五）	183
图182	东汉中晚期	辟邪天禄镜（六）	183
图183	东汉中晚期	长舌交会龙虎镜	184
图184	东汉中晚期	正向面部单虎镜	184
图185	东汉中晚期	双蛇纹单龙镜	185
图186	东汉中晚期	三乳钉龙虎镜	185
图187	东汉中晚期	大泉五十纹龙虎镜	186
图188	东汉中晚期	尚方铭五铢纹龙虎镜	186
图189	东汉中晚期	五铢纹龙虎镜（一）	187

图190	东汉中晚期	五铢纹龙虎镜（二）	187
图191	东汉中晚期	五铢纹龙虎镜（三）	188
图192	东汉中晚期	五铢纹龙虎镜（四）	188
图193	东汉中晚期	五铢纹龙虎镜（五）	189
图194	东汉中晚期	宽素缘单龙镜	189
图195	东汉中晚期	宽素缘龙虎镜（一）	190
图196	东汉中晚期	宽素缘龙虎镜（二）	190
图197	东汉中晚期	宽素缘龙虎镜（三）	191
图198	东汉中晚期	宽素缘龙虎镜（四）	191
图199	东汉中晚期	五印章纹龙虎镜	192
图200	东汉中晚期	六印章纹龙虎镜	192
图201	东汉中晚期	陈氏铭双龙单凤镜	193
图202	东汉中晚期	龙凤镜（一）	193
图203	东汉中晚期	龙凤镜（二）	194
图204	东汉中晚期	龙凤镜（三）	194

附录二 东汉晚期至南北朝 …… 195

图205	东汉晚期至南北朝	龙虎交合镜（一）	197
图206	东汉晚期至南北朝	龙虎交合镜（二）	197
图207	东汉晚期至南北朝	龙虎交合镜（三）	198
图208	东汉晚期至南北朝	龙虎交合镜（四）	198
图209	东汉晚期至南北朝	一龙二虎镜（一）	199
图210	东汉晚期至南北朝	一龙二虎镜（二）	199
图211	东汉晚期至南北朝	双龙虎镜	200
图212	东汉晚期至南北朝	特殊龙虎交合镜	200
图213	东汉晚期至南北朝	钱纹龙虎镜	201
图214	东汉晚期至南北朝	钱纹单虎镜	201
图215	东汉晚期至南北朝	龙虎追逐镜	202
图216	东汉晚期至南北朝	单龙镜（一）	202
图217	东汉晚期至南北朝	单龙镜（二）	203
图218	东汉晚期至南北朝	单龙镜（三）	203
图219	东汉晚期至南北朝	单虎镜（四）	204
图220	东汉晚期至南北朝	单虎镜（五）	204
图221	东汉晚期至南北朝	双虎镜（一）	205
图222	东汉晚期至南北朝	双虎镜（二）	205

图223	东汉晚期至南北朝	双虎镜（三）……………………… 206
图224	东汉晚期至南北朝	双虎镜（四）……………………… 206
图225	东汉晚期至南北朝	双虎镜（五）……………………… 207
图226	东汉晚期至南北朝	二虎追逐镜（一）………………… 207
图227	东汉晚期至南北朝	二虎追逐镜（二）………………… 208
图228	东汉晚期至南北朝	二虎追逐镜（三）………………… 208
图229	东汉晚期至南北朝	三虎镜（一）……………………… 209
图230	东汉晚期至南北朝	三虎镜（二）……………………… 209
图231	东汉晚期至南北朝	三虎镜（三）……………………… 210
图232	东汉晚期至南北朝	三虎镜（四）……………………… 210
图233	东汉晚期至南北朝	三虎镜（五）……………………… 211
图234	东汉晚期至南北朝	三虎镜（六）……………………… 211
图235	东汉晚期至南北朝	三虎镜（七）……………………… 212
图236	东汉晚期至南北朝	三虎镜（八）……………………… 212

综　述

中国铜镜由龙纹与虎纹形成的一对组合图案，主要出现在东汉时期。在继承西汉龙纹镜的基础上，东汉龙虎镜有了本质上的变化，这是一个文化内涵丰富的镜类，其显著特色是主纹上的龙虎交合。铭文上的工匠署名也是此类镜的重大价值所在。对于有铭文的镜类，根据其内容，可以作出大致的年代断定：沿袭新莽文化者，应主要问世在东汉早期；脱离新莽文化者，应主要问世在东汉中晚期。

二十世纪四十年代初，梁上椿前辈在《岩窟藏镜》中，表明了东汉龙虎镜应起源于东汉早期。不知为什么现在的许多专著、图录却都将其放置于东汉镜的末尾。笔者认为，有必要对东汉龙虎镜的问世年代进行再认识，这是编写本书的初衷。

经过寻觅，本书集聚了8面有纪年铭文的龙虎镜，其中4面在东汉早期（图2至图5）。更为可喜的是，找到了带"新"字铭文的新莽龙虎镜（图1），以及14面传承新莽文化的器物（图9至图22）。为此，可以将龙虎镜形制的问世年代，明确地提前至东汉早期，甚至更早的新莽东汉之际，这是编写本书的动力。

一、镜种分期

本书对东汉龙虎镜的问世年代，按常规划分为三个时期。东汉早期（共64年），即汉光武帝刘秀建武元年（25）至汉章帝刘炟章和二年（88）；东汉中期（共58年），即汉和帝刘肇永元元年（89）至汉质帝刘缵本初元年（146）；东汉晚期（共74年），即汉桓帝刘志建和元年（147）至汉献帝刘协延康元年（220）。

由《中国纪年铜镜》、《汉镜铭文图集》等书可知，依据纪年时间与铭文内容，对东汉镜大类之问世年代的排序应该是：四灵博局镜（传承新莽），禽兽博局镜（博局尾声），龙虎镜，多乳镜，画像镜，变形四叶兽首镜，变形四叶对凤镜，环状乳神兽镜，同向式神兽镜，印章（方格）式神兽镜，重列式神兽镜，对置式神兽镜。从大趋势观察龙虎镜：起源东汉早期，盛行于东汉中晚期，淡化于三国两晋时期；直至南北朝时期，还有若干尺寸较小、镜缘三角、无铭文铸制粗糙的龙虎镜出现。

二、龙虎理念

西汉时期的龙纹镜或是"龙虎"镜，其龙或虎都是呈现个体独立存在的表现形式。而东汉龙虎镜则明显不同，本书暂且从直观上，提出一个"交合"（即镜面内区镜钮下方之交合龙虎）的说法，其依据是：龙虎两个图案组成具有文化理念的一面铜镜主纹。龙虎交合镜既是东汉龙虎镜的核心组成部分，亦是东汉龙虎镜的一大特色，为此学界多有关注。迄今所知，在宗教、文化、风俗、习惯等方面，对于龙虎理念及其龙虎铜镜文化，主要是道家文化和风水阴阳文化的影响，有多种说法与依据。

1. 帝王气派说

《史记·高祖本纪》："高祖，沛丰邑中阳里人，姓刘氏，字季。父曰太公，母曰刘媪。其先，刘媪尝息大泽之陂，梦与神遇。是时雷电晦冥，太公往视，则见蛟龙于其上。已而有身，遂产高祖。"《史记·项羽本纪》："范增说项羽曰：'……（沛公）今入关，财物无所取，妇女无所幸，此其志不在小。吾令人望其气，皆为龙虎，成五采，此天子气也。急击勿失。'"

2. 英雄豪杰说

《后汉书·耿纯传》："大王以龙虎之姿，遭风云之时，奋迅拔起，期月之间兄弟称王。"在东汉以后亦有诸多类同的依据，也可作为中国传统文化一脉相承之余绪。唐李白《古风》之一："龙虎相啖食，兵戈逮狂秦。"宋苏轼《九日黄楼作》诗："诗人猛士杂龙虎，楚舞吴歌乱鹅鸭。"自注："坐客三十余人，多知名之士。"王十朋注："崔班《灼灼歌》：坐中之客皆龙虎。"

3. 鼎中炼丹说

在道家文化中，龙虎指水火。中国传统文化一脉相承，在东汉以后亦有诸多类同的依据，仍可作为参考。唐李咸用《送李尊师归临川》诗："尘外烟霞吟不尽，鼎中龙虎伏初驯。"宋苏轼《和章七出守湖州》之二："鼎中龙虎黄金贱，松下龟蛇绿骨轻。"宋朱熹《周易参同契考异》："坎离水火龙虎铅汞之属，只是互换其名，其实只是精气二者而已。精，水也，坎也，龙也，汞也；气，火也，离也，虎也，铅也。"

4. 龙虎对峙说

长期以来，对于龙虎镜而言，学界多见此说。在古汉语中，"对峙"有两种解释，其一，释为"对抗、抗衡"时，似有主观强加之嫌，其二，释为"相对而立"时，虽是客观反映，然有孤立片面之意，且失去了文化内涵。从本书图54、118两镜的内容看，完全否定了"对峙"之说。

5. 龙虎匹配说

因为东汉龙虎（含辟邪、天禄）交合镜铭文有"白虎辟邪匹"、"辟邪配天禄"等语句，加上若干镜例中显现雄性的特征（本书简称"显雄"），所以也有个别观点过分强调"龙虎交媾"之表象，而忽略作为道家修炼内丹之本质。本书图6、7以及图38至45等10面镜皆为单龙镜，也具"显雄"特征，这就给此种命名提出了很大的质疑。

6. 采精长生说

东汉时期道家追求长生长寿，在诸多文字与图案中皆有体现。龙虎镜（尤以显雄的龙虎交合镜与单龙镜为多）主纹下方多见乌龟或禽鸟，其口对龙体雄性器官，显有吸食（采精）之意。另有羽人捣药、吹箫、杂耍、戏羊、导龙、投博等纹饰，可

见"采精长生"也是道家文化中的一种仪式。本书多有实例。

7．祈祥禳灾说

依据《汉镜铭文图集》图315、316、323、329、331等镜铭文可知，新莽、东汉镜铭多见"上有龙虎四时宜"之说。"上有龙虎"可使一年四季风调雨顺，完全是祈祥之意。东汉龙虎镜的纹饰主体是龙虎，然而亦偶见少数镜例乃以辟邪、天禄来替代龙虎。辟邪、天禄是禳灾镇妖的瑞兽，既然可以替代，那么龙虎图案应该可以起到同样的作用。本书图54、118两镜龙虎头部之间的"吉羊（祥）"、"宜孙子"等文字内容是此说之经典实例。在道家文化中，"祈祥禳灾"内容占有重要的份量，不能不引起重视。

8．其他

（1）阴阳风水说

自古以来，凡重大"风水宝地"处必有龙虎之兆，即该地由东（左）青龙、西（右）白虎拱卫，如道教祖廷——江西龙虎山，又如明十三陵前方左右之龙山与虎山，皆是很好的例证。

（2）生殖崇拜说

全世界有不少民族，为了"子孙蕃昌"，而多有生殖崇拜的习俗。有观点认为，华夏民族因含蓄之故，借托龙虎镜中龙纹的雄性显现，以表生殖崇拜之意。

（3）崇尚财富说

在若干小尺寸（多为汉尺4寸至5寸）的东汉交合龙虎镜中，龙首与虎首之间有一钱币纹，其纹或为王莽居摄年间发行的"大泉五十"，或为两汉盛行之"五铢"。在东汉三国镜铭中，常见"家有五马千头羊"、"家常贵富"、"富贵安乐"等内容。故而，多有学者认为，这是当时社会崇尚财富的一种体现。亦有观点认为，"钱"即富，"龙"喻贵，两者合一，当具"富贵"喻意。

三、主体文化

（一）修炼法象

东汉魏伯阳《周易参同契》一书，借用乾、坤、坎、离、水、火、龙、虎、铅、汞等法象以明炼丹修仙之术。中国传统文化一脉相承，南宋王十朋《东坡诗集注》："道家以烹炼金石为外丹，龙虎胎息、吐故纳新为内丹。""胎息"是道家的一种修炼方法，晋葛洪《抱朴子·释滞》："得胎息者，能不以鼻口嘘吸，如在胎胞之中，则道成矣。""龙虎胎息"即谓：以龙虎为法象，修胎息之功夫。

通观文献资料，可以认为，作为"法象"的东汉龙虎镜，表现方式为龙虎交合（匹配、交媾），喻意本质是天地交泰、乾坤相契、阴阳调和，这是道家修炼内丹的一种"启示"、"导引"手段。受一脉相承的中国传统文化的影响，东汉以后，《性命圭旨》："夫龙虎交媾者乃三元合一之法也，所以会乾坤、交坎离、簇阴阳、合性命、使二者复变而为一。以至九宫、八卦、七政、六位、五行、四象、三才之生于二者，莫不皆归于一矣。一者，'有物混成、先天地生'是也。"随着时间的推移，虽然眼睛里看到的"法象"有所不同（如单龙、单虎、双龙虎、二龙一虎、三龙、四虎等），龙虎交合的图案有了变异、拆解、分化、重组，然而意念里想到的仍然是修炼内丹时所追求的"龙虎胎息"与"吐故纳新"。这种变化亦可以理解成道家文化向民俗文化的变迁与转移。

笔者认为，东汉龙虎交合镜是在新莽以后，在东汉初创的一个新品种，其核心文化内涵当是作为道家修炼内丹的法象，同时兼有长生长寿、富贵吉祥、祈祥禳灾等其他作用。目前的现状，可谓是"仁者见仁，智者见智"。欣逢盛世，因有诸多的实物与资料出现，让我们感觉到有必要多做一些具体的资料收集工作，为进一步的深入研究作出铺垫。

东汉龙虎镜问世数百年而连绵不绝，亦说明了一个事实：作为中国传统文化之一，东汉兴盛的道家文化乃至道教，有着一段漫长的历史进程。①

（二）主纹变化

在本书（连同附录）之236个镜例中，除了经典的"龙虎交合"纹与"工匠署名"外，还有各种变化多端的主纹。

1. 不同形制

宽素缘龙虎镜（图195至198等4面），印章纹龙虎镜（图199、200），这些"法象"虽保持交合不变，然在形制上有所不同。

2. 龙虎追逐

本书有4面（图59、157、158、215）龙虎追逐镜。这些"法象"变化应该还不会影响到修炼心法的变化。

3. 其他图像

本书还多见其他各种主纹图像。如：双龙双虎（图128），钱币纹龙虎镜（图187至193以及213、214等9面），蟾蜍纹龙虎镜（图176），双蛇纹龙虎镜（图185），乳钉纹龙虎镜（图186），龙凤镜（图201至204等4面）。这些"法象"似是完全脱离了道教修炼内丹的文化内涵。

（三）辅助图像

在东汉龙虎交合镜的主纹下方，常有羽人捣药、吹箫、杂耍、戏羊、导龙、投

---

① 由《中国纪年铜镜》可知，东汉龙虎铜镜从永平十六年（73）始至兴平年（194或195），至少有120年以上的历史。其间诞生道教：永和六年（141）张道陵天师创立道派，名"正一盟威之道"，为道教定型化之始。入道者皆须出五斗米，故又称五斗米道。

博等各类神秘奇妙的辅助图像,喻意着诸多长生长寿、欢愉享乐的理念,当引起学界的关注与研讨。

1. 羽人捣药

本书有 6 面(图 5、32、34、105、149、150)羽人捣药图像之镜。道家以自身的精气炼成的丹为"内丹",以烧炼金石成丹为"外丹",羽人捣药是烧炼外丹的第一道工序。此类镜的法象意味着在修炼内丹时,当辅以外丹。

2. 羽人吹箫

本书有 10 面(图 46、47、85、86、87、113、148、153、154、155)羽人吹箫图像之镜。修炼内丹既是一个过程,也是一种仪式,音乐可谓是有益的辅助手段。

3. 羽人杂耍

本书有 7 面(图 48、64、73、85、89、126、151)羽人杂耍图像之镜。可以理解此为仪式之一。

4. 羽人戏羊

本书有 2 面(图 121、141)羽人戏羊图像之镜,同样可以理解为仪式之一。

5. 羽人导龙

本书有 5 面(图 9、13、138、139、152)羽人导龙图像之镜。羽人皆在龙头之前,手持灵芝,作导龙状。查《清华铭文镜》图 55 "新有(刻娄)铭四灵博局镜"之边缘,有清晰的羽人导龙图像,可知,羽人导龙图像源自新莽。

6. 羽人投博

本书图 116 为羽人投博图像之龙虎交合镜。新莽镜铭文告诉我们,"博局"有去不祥的功能,这里似应理解为多种含义。

(四) 图式多元

除了标准图式之交合龙虎以及二龙一虎与双龙虎外,龙虎个数还涉及图式变化的多元现象。

1. 单龙

单龙镜分为两类:第一类 "显雄",如图 6、7 以及图 38 至 45 共计 10 面;第二类不见 "显雄",如图 9、138、139、152、169、170、194、216、217、218 等 10 面。

2. 单虎

本书有 3 面(图 173、174、184)单虎镜。

3. 一龙二虎

本书有 2 面(图 209、210)一龙二虎镜。

4. 双虎

本书有 6 面(图 90、221 至 225 等)双虎镜,还有 4 面(图 33、226 至 228)二虎追逐镜。

5. 三龙

本书仅1面（图136）三龙镜。

6. 三虎

本书有8面（图229至236）三虎镜。

7. 四虎

本书有3面（图107、132、175）四虎镜。

四、工匠署名

工匠将自己的姓氏标注在铭文之首，不仅有着明确的广告意义，还有着突出的责任感与荣誉感。迄今所知，在西汉铭文镜中，还不见工匠署名。历史进入新莽，其时之官制镜主要是"尚方"与"王氏"两类（详见《止水集·莽式铭文镜》），除此以外，还可以偶而见到"张氏"、"朱氏"等少数镜师（工匠）之署名镜。

作为一种规矩或是习俗，在东汉龙虎交合镜中，除署名"尚方"外，还出现了大量的镜师署名镜。本书所列者有侯氏、朱师、青盖、青胜、龙氏、驺氏、李氏、王氏、陈氏、张氏、青羊、石氏、黄羊、胡氏、宋氏、三羊、田氏、刘氏、吴向里佰氏、胡阳里朱师、朱家、袁氏、青龙、孟师、徐氏、蔡氏、夏氏、周仲、原夫、遗杜氏等30余个。包括因图片不清而未列入本书者，存世龙虎镜之工匠署名总数共有40个之多。

五、分类设定

作为一个大镜种，东汉龙虎镜的问世年代，几乎涵盖了整个东汉，其形制、铭文多姿多彩、包罗万象。依据236件实物，本书将其大致划分为以下8类，并在书中设置了分类页，以便作出统一说明。附录一56图与附录二32图，因绝大部分无铭文，不作鉴评，列入书内，以作参考。

甲类、纪年铭文类　　　　　　　　　　　图1—8（计8面）

乙类、传承新莽类（以东汉早期为主）　　图9—21（计13面）

丙类、多乳交合类（以东汉早期为主）　　图22—37（计16面）

丁类、显雄单龙类（以东汉中期为主）　　图38—45（计8面）

戊类、显雄龙虎类（以东汉中期为主）　　图46—52（计7面）

己类、工匠署名类（以东汉中期为主）　　图53—148（计96面）

附录一、以东汉中晚期为主　　　　　　　图149—204（计56面）

附录二、东汉晚期至南北朝　　　　　　　图205—236（计32面）

六、结　语

1. 东汉龙虎镜形制脱胎于新莽，很快自成一格（主纹浮雕、边缘倾斜、镜面外

凸等）。

2.以龙虎交合为核心的东汉龙虎镜是一个大镜种，历经三个多世纪：问世于东汉早期乃至于新莽东汉之际，盛行于东汉中晚期，淡化于三国两晋，消失于南北朝。

3.东汉龙虎交合镜表现形式为龙虎匹配，喻示着天地交泰、乾坤相契、阴阳调和，其文化本质似是道家修炼内丹时，用以启示、导引至"龙虎胎息"的一种法象。

4.鉴于各种（尤其是显雄单龙类）图像的出现，东汉龙虎镜兼具长生长寿、富贵如意等喻意。

5.在丁、戊两类中，显雄特征镜一共是15面（丁类8面，戊类7面）。东汉早中期之著名工匠青盖、青胜、驺氏等，虽多有署名之虎龙镜问世，然皆不铸制显雄特征之图案，或许有着民族特点等若干原因。

6.由于龙虎镜中的图案，既有"四时宜"的吉祥征兆，又有以辟邪、天禄替换之现象，故而东汉龙虎镜亦有祈祥禳灾之功能。

王纲怀
2015年10月

图　　版

甲 纪年铭文类

图号：图 1—图 8

本书载8面纪年铭龙虎镜（惜永平三年镜图片不清，未能列入，另缺东汉中期），其年代几乎涵盖了整个东汉时期。另有新莽、西晋共2面纪年铭龙虎镜，因其特殊性以及与另6面此类镜之密切关系，故暂附于此。仅就这8面纪年镜看来，其问世年代长达269年（25—293）。在《汉镜铭文图集》附表一的218面纪年镜中，也只是有限地找到了这些内容，当可说明此类纪年镜的珍稀程度。另有一面永和元年（136）之龙虎博局镜（《故宫藏镜》图62），因其形制与纪年不合，且有争议，故而暂不将此镜列入本书。

图1 新莽 新有(侯氏)铭龙虎交合镜

直　径：14.1厘米　重　量：661克
资　料：河南藏家
铭　文：周铭：侯氏作竟大无伤，亲有善同出丹阳，和以银锡青且明，巧工刻之成文章。
　　　　榜题：侯氏作，君宜官。大吉。

鉴　评：此铭之"亲"当为新莽之"新"的省偏旁字，存世器物多有实例。地皇四年（23），王莽被杀，其后的东汉早期（尤其是东汉初年）镜铭不可能有"新"字出现。此"新"字镜铭的现世，可认为东汉龙虎镜起源自新莽。经研讨，此镜应非仿制，在角王铭四灵博局镜、朱氏铭四灵博局镜等若干新莽东汉之际的铭文镜中，皆具"上有龙虎四时宜"之铭文，亦可作为旁证。

图2 永平十六年(73)铭龙虎交合镜

直　径：10.3厘米　重　量：246克

资　料：台北一雅堂

铭　文：尚方作竟真大巧，上有山人不知老，渴饮玉泉饥食枣，浮由天下兮。永平十六年。

鉴　评：此镜深具文化价值：其一，这是存世所见较早有纪年铭的龙虎镜，比以往所知章和元年(87)之龙虎镜还早14年；其二，铭文内容延续了新莽特色；其三，东汉桓灵期间之变形四叶兽首镜之镜缘为三角缘，此镜要早了大半个世纪。刘永明《汉唐纪年镜图录》第6页载有"永平三年铭龙虎镜"，惜其图片不清，故未列本书。由，通游，古音同属幽部。浮游，漫游。

图3 元和三年(86)铭七乳龙虎镜

直　径：18.8厘米

资　料：《广西铜镜》图51

铭　文：元和三年，天下太平，风雨时节，百□□□，□□□□，□□□□，尚方造竟，在於民间，有此竟，延寿未央兮。

鉴　评：包括四乳、五乳、六乳、七乳、八乳在内的多乳龙虎镜，只是在新莽以后才有出现，此镜为此种说法提供了实证。可以说，多乳龙虎主纹主要问世在东汉的早中期。"民间"，《墨子·非命上》："执有命者，以杂于民间者众。"《史记·项羽本纪》："于是项梁然其言，乃求楚怀王孙心民间，为人牧羊，立以为楚怀王。"

图4 章和元年(87)铭龙虎交合镜

直　径：13.2厘米　重　量：630克

资　料：《嘉德2009春拍》图4780

铭　文：章和元年五月丙午日中作，服之宜子孙，为緱。

鉴　评：緱，通侯。《后汉书·章帝纪》："（秋七月）壬戌，诏曰：'朕闻明君之德，……今改元和四年为章和元年。'"史书告诉我们，元和四年仅占公元87年的前6个月，章和元年则占公元87年的后6个月。镜铭"章和元年五月"说明一个事实，即铭文所纪的月份不一定是铸制的确切时间。东汉镜的早期形制主要是传承西汉、新莽，章和纪年以后的东汉中期，铜镜形制逐渐走上了自己开创的新路。日本奈良国立博物馆藏有同模之镜。

图5 章和年(87或88)铭龙虎交合镜

直　径：15.0厘米

资　料：《六安出土铜镜》图135

铭　文：隆帝章和时，淮南龙氏作竟，涑治同，合会银易得和中，刻画云气龙虎虫，上有山人寿无穷，长保二亲乐不亭。

鉴　评：易，通锡。此铭有多个特点：其一，纪年"章和"；其二，纪地"淮南"；其三，纪匠"龙氏"；其四，后4句皆七言，"中"、"虫"、"穷"韵部相同，唯末句末字字形似"高"，然句意不通，若释"亭"，通"停"，句意通顺，且"停"与"中"、"虫"、"穷"古音韵部相近，可以相押。刘体智《小校经阁金文拓本》卷一五图10有"章和二年铭龙虎镜"。

图6 兴平年（194或195）铭显雄单龙镜

直　径：13.7厘米（汉尺6寸）　重　量：565克
资　料：《景星2011专拍》图1139
铭　文：兴平年五月五日。

鉴　评："兴平"是东汉献帝所用的第4个年号，只用了2年。此镜存世有两个重要
　　　　意义：其一，明确表示，龙虎镜作为一个镜种，其问世年代从东汉早期一
　　　　直延续到东汉晚期，几乎经历了整个东汉时期（近200年）；其二，主纹单
　　　　龙显现的雄性特征，对"交媾"之说提出了质疑。其下方的禽鸟恰好说明，
　　　　此类纹饰具有"采精长生"的含义。

图7 兴平年（194或195）铭显雄单龙镜

直　径：11.9厘米　重　量：392克
资　料：上海止水阁
铭　文：五月五日丙午作。

鉴　评：此镜与图6镜相比，总体形制类同，龙身皆显雄性，铭文内容相近，文字书体一致。主要差别在于：其一，比较镜体直径，图6镜是汉尺6寸，此镜为汉尺5寸，小了一个整数规格；其二，比较边缘纹饰，此镜比图6镜少了一周锯齿纹；其三，比较"采精长生"之禽鸟头部方向，图6镜是向左，此镜是向右。从整体风格上看，此两镜或许出自于同一时期的同一作坊甚至同一工匠。

图8 元康三年(293)铭七乳二龙一虎镜

直　径：17.9厘米

资　料：《浙江出土铜镜》图100

铭　文：元康三年五月造，大毋伤，左龙右虎辟不羊，朱鸟玄武顺阴阳，长保二亲乐富昌，寿敝金石如。

鉴　评：此镜问世于西晋中期，其铭文内容以及主纹（七乳龙虎）与边缘纹饰，皆保留了汉镜的特色，可谓汉镜遗韵也！故暂将其列于此类后。且有如此硕大之直径，其历史、文化价值不言而喻。在存世器物中，"元康"纪年属罕见者。王士伦《浙江出土铜镜》云："（此镜由）兰溪县出土。正、背面两片分铸，然后焊接。此镜将东汉的龙虎镜和禽兽带镜的纹饰结合在一起，而且采用分片铸造的方法，在古代铜镜中是少见的。"

乙 传承新莽类

以东汉早期为主

图号：图 9—图 21

在没有出土资料的情况下，本书对"传承新莽"（主要在东汉早期）有5项参考标准：其一，主纹工艺，谓之"线刻"；其二，边缘形制，同于新莽（即缘侧基本不倾斜）；其三，铭文内容，除了更改"新"字或"王氏"外，其他皆不变；其四，文字书体，保持"莽式汉隶"的风格；其五，单位面积重量之m值较小，通常在3.0克/平方厘米上下。

经过研讨，我们认为：东汉早期就出现了不少的龙虎镜，其铭文内容主要是传承新莽文化，依据内容可大致分为3个小类。

1. 上大山铭类，存世很少见，本书仅见1例（图9）；

2. 尚方铭类，作为自然传承，尚方铭镜有一定的存世量。

3. 工匠署名类：本书列有青盖、青胜、骆氏、王氏、李氏、陈氏、刘氏、石氏、龙氏等称谓。

图9 东汉早期 上大山铭单龙镜

直　径：12.9厘米　重　量：446克

资　料：上海止水阁

铭　文：周铭：上大山，见神人，食玉央，饮礼泉，驾交龙，乘浮云，宜官秩，保子孙，富贵，大乐未央。

榜题：朱师作。

鉴　评：央，通英。该镜铭内容完全是道家文化的体现。"大山"即"泰山"，"大"即"太"，与"泰"通。"上大山"铭与"上华山"铭一样，盛行于新莽时期。历史进入东汉后，此类镜铭就很快消失了，此镜可谓是历史遗存的一个"偶然"。此器为"三角缘镜"，应是目前所知的同类器物中较早的一个。

图10　东汉早期　鎏金龙虎交合镜（残）

直　径：16.6厘米

资　料：台北一雅堂

铭　文：……成文章，左龙右虎辟不羊，朱鸟玄……

鉴　评：在"尚方"铭与"王氏"铭的新莽官制镜中，横笔的写法多为笔端出尖且如同柳叶，因其字形结构仍为隶书，姑且可称"莽式汉隶"，这比西晋卫瓘所创之"柳叶篆"要早出两百多年。在其他的各种莽式铭文镜中，除了鎏金镜之外，几乎不见这种似被控制使用的特殊书体。东汉早期之龙虎交合镜铭文内容，多为新莽官制镜的标准"套话"，其文字也多为"莽式汉隶"。

图11　东汉早期　青盖铭七乳二龙一虎镜

直　径：21.0厘米（汉尺9寸）　重　量：1200克

资　料：《金戀2011秋拍》图1175

铭　文：青盖作竟大毋伤，巧工刻之成文章，左龙右虎辟不羊，朱雀玄武顺阴阳，子孙备具居中央，长保二亲乐富昌，寿如金石为侯王。

鉴　评：从尺度标准（汉尺9寸）、边缘形制（比较新莽）、铭文内容（传承新莽）、文字书体（莽式汉隶）等多个方面来考察，此镜当问世在东汉早期。"青盖"，除见于此铭外，亦见于本书其他镜铭中，总计18例，其"盖"字皆写作"盖"，而不作"蓋"。

图12 东汉早期 青盖作竟铭龙虎交合镜

直　径：13.3厘米　重　量：613克

资　料：《止水阁藏镜》图107

铭　文：青盖作竟四夷服，多贺国家人民息，胡虏殄灭天下复，风雨时节五谷孰，长保二亲得天力，寿如金石。

鉴　评：此镜特别厚重（m值：4.42克/平方厘米），铭文内容传承新莽文化。龙虎合体铜镜多有出土资料，如：浙江上虞有永元十二年（100）入土的龙虎镜，陕南地区有元兴元年（105）入土的龙虎镜。此外，在陕西西安东汉中晚期墓、河南陕县刘家渠东汉晚期墓、浙江绍兴漓渚东汉末期墓、广西东汉晚期墓等墓葬中亦有发现。

图13　东汉早期　青胜铭二龙一虎镜

直　径：16.5厘米　重　量：690克

资　料：《中拍2011秋拍》图5074

铭　文：青胜作竟四夷服，多贺国家人民息，胡虏殄灭天下复，风雨时节五谷孰，长保二亲得天力，传告后世乐无亟。

鉴　评：图案上方左龙右虎，左下方羽人导龙。判断此类镜问世年代有5个要素：其一，铭文内容；其二，文字书体；其三，镜边纹饰；其四，侧缘角度；其五，照容面凸度（只在可观察实物时）。

图 14　东汉早期　尚方铭二龙一虎镜

直　径：12.6 厘米　重　量：397 克

资　料：《长沙市博物馆藏镜》图 96

铭　文：尚方作竟四夷服，多贺官家□□□，□天相保无□□，风雨时节五谷孰，
　　　　长保二亲子孙力兮□。

鉴　评：与图 11、12、13 镜相比，在两圈锯齿纹的相同边缘制式中，此镜最小。

图15 东汉早期 驺氏铭二龙一虎镜

直　径：13.4厘米　重　量：539克

资　料：《实成 2012 春拍》图 682

铭　文：驺氏作镜四夷服，多贺国家人民息，胡虏殄灭天下复，风雨时节五谷孰，长保二亲得天力，传告后世乐无疆。

鉴　评："青盖"、"青胜"、"驺氏"等皆为东汉早期之著名工匠，留存于世的器物仅以较小的两位数计。

图16　东汉早期　王氏铭龙虎交合镜

直　径：14.2厘米　重　量：568克

资　料：《越地范金》第157页图3

铭　文：王氏作四夷服，多贺国家人民息，胡虏殄灭天下复，风雨时节五谷孰，长
　　　　保二亲得天力兮。

鉴　评：龙虎合体镜之主纹，既有左龙右虎，亦见右虎左龙。

图17　东汉早期　李氏铭二龙一虎镜

直　径：13.8厘米（汉尺6寸）　重　量：573克

资　料：《保利2011秋拍》图7672

铭　文：李氏作竟四夷服，多贺国家人民息，胡虏殄灭天下复，风雨时节五谷孰，长保二亲得天力，乐无亟。

鉴　评：查看此镜之铭文书体，与"莽式汉隶"之规整度已有明显差距，问世年代为早期稍晚。

图18 东汉早期 陈氏铭双龙天禄镜

直 径：12.5厘米 重 量：405克

资 料：《莹质神工 光耀阳羡》图145

铭 文：陈氏作竟四夷服，多贺国家人民息，胡虏殄灭天下复，风雨时节五谷孰，长保二亲得天力，传告后世乐无亟，其师寿命长。

鉴 评：东汉镜图中的龙、虎、辟邪、天禄可以互换，充分说明，龙、虎与辟邪、天禄同样具有禳灾镇妖的功能。从加工情况看，此镜边缘锯齿图案尤为密集。

图19 东汉早期 刘氏铭二龙一虎镜

直　径：14.2厘米　重　量：504克

资　料：《嘉德2006春拍》图2730

铭　文：刘氏作竟四夷服，多贺国家人民息，胡虏殄灭天下复，风雨时节五谷孰，
　　　　长保二亲得天力，传告后世乐无亟。

鉴　评：东汉龙虎镜是一个笼统的称谓，细分时有：左龙右虎、左虎右龙、二龙一
　　　　虎、双龙虎等。东汉晚期以后图形主纹越来越多。

图 20　东汉早中期　石氏铭龙虎交合镜

直　径：12.1 厘米　重　量：445 克

资　料：《千石藏镜》图 149

铭　文：石氏作竟四夷服，多贺国家人民息，胡虏殄灭天下复，风雨时节五谷孰，长保二亲得天力，传告后世乐无亟，买□竟者富昌。

鉴　评：大致而言，东汉早期没有"龙身显雄"的情况出现。下方瑞兽有"期待（吸精）状"。

图21 东汉早中期 龙氏铭二龙一虎镜

直　径：12.5厘米　重　量：450克

资　料：《莹质神工　光耀阳羡》图151

铭　文：龙氏作竟佳且好，明而日月世之保，上有白虎辟邪主除道，服此竟者，田作大得，贾市万倍。

鉴　评：由图5铭文可知，龙氏出自"淮南"，其盛行期正当东汉早中期之际。

丙 多乳交合类

以东汉早期为主

图号：图 22—图 37

对于整个东汉时期的重要镜类而言，东汉早期镜承担着一个承前启后，继往开来的重任。除了传承新莽文化以外，主要出现了多乳与龙虎的两类主纹。若干大尺寸铜镜纹饰的中间是龙虎、外圈为多乳，完全符合东汉早期镜类的发展规律。统计表明，这个镜类多为七乳，少见四乳、五乳、六乳、八乳。

图22　东汉早中期　龙氏铭双龙虎镜

直　径：14.0厘米（汉尺6寸）

资　料：《中原藏镜聚英》图77

铭　文：龙氏作竟，甚蜀，街上有，白虎辟邪匹，苑池文章辛，见侠中天□，吉日造之人莫知，令众万世多积訾，大利兮。

鉴　评：蜀，通獨。辛、新，古字通用。由铜镜实例可知，龙氏所铸之镜多规整且质量上乘。

图 23　东汉早期　尚方铭八乳龙虎镜

直　径：22.1 厘米　重　量：1176 克

资　料：《镜涵春秋》图 092

铭　文：尚方作竟大毋伤,汉有善铜出丹阳,和以银锡清且明,左龙右虎主四彭,
　　　　玄朱爵顺阴,浮游天下访四方,寿如金石乐未央兮。

鉴　评：此镜尺寸在最大之列,其内容完全传承新莽。铭文书体系"莽式汉隶"。

图24 东汉早中期 青盖铭七乳双龙虎镜

直　　径：20.3厘米　重　　量：1010克

资　　料：《西安文物精华·铜镜》图48

铭　　文：青盖作竟大毋伤，巧工刻之成文章，左龙右虎辟不羊，朱鸟玄武顺阴阳，子孙备具居中央，长保二亲乐富昌，寿敝金石如侯王。

鉴　　评：此镜近缘处有14个乳状凸起，故又可称为"多个乳状凸起镜"。此类镜在中国较少见，在日本却多见，曾引发诸多猜测与误解。笔者认为，此镜比三国魏曹叡赠日本女王卑弥呼之"铜镜百枚"，要早出两百年之久，或谓日本同类镜之鼻祖。

图 25　东汉早期　青盖铭七乳双龙虎镜

资　　料：《ARTIBUS ASIAE》图 59

铭　　文：青盖作竟大毋伤，巧工刻之成文章，左龙右虎辟不羊，朱鸟玄武顺阴阳，子孙备具居中央，长□二□□富昌，寿敝金石如侯王。

鉴　　评：如只看铭文内容与文字书体，完全是新莽特色，可说明"青盖"署名应在离新莽并不太远的东汉早期。依据边缘纹饰，此镜有可能产自淮南地区。

图26　东汉早中期　铜组铭七乳二龙一虎镜

直　径：18.7厘米　重　量：917克

资　料：《泓盛2013秋拍》图5026

铭　文：铜组作竟大毋伤，巧工雕治成文章，右虎辟不羊，朱鸟玄武顺阴阳，子孙备具居中央，长保二亲乐富昌，寿□金石如侯王。

鉴　评：首字"铜组"（组字反书）前所未见，书体较近"莽式汉隶"。

图 27　东汉中期　刘氏铭四乳龙虎交合镜

直　径：18.5 厘米（汉尺 8 寸）　重　量：660 克
资　料：《汉雅堂藏镜》图 123
铭　文：刘氏作竟佳且好，上有东王父西王母，□人宜子孙，大吉昌兮。

鉴　评：在多乳龙虎镜中，四乳、八乳皆属罕见之列。日本学者所称之"三角缘神
　　　　兽镜"的年代多在三国时期。此镜主纹亦为三角缘神兽，其问世年代比日
　　　　本的同类器物要早出一个世纪，更早者见本书图 9。

图28　东汉中期　王氏铭五乳双龙虎镜

直　径：18.6厘米（汉尺8寸）　重　量：987克

资　料：《嘉德2008秋拍》图4260

铭　文：王氏作竟真□□，□□□而佳世少有，风雨时节五谷孰，长保二亲得天力。

鉴　评：在丙类所列之多乳龙虎镜中，多乳数字包括了四乳（图27）、五乳（此镜）、六乳（图29、30、31）、七乳（图24、25、26、32、33、34、35、36）、八乳（图23、37）等。

图 29　东汉中期　法尚方铭六乳龙虎镜

直　径：20.7厘米（汉尺9寸）

资　料：宝鸡青铜器博物院

铭　文：县璧作竟法尚方，湅合铜锡明而光，巧工刻之成文章，左龙右虎辟不羊，朱鸟玄武顺阴阳，子孙烦息富贵，寿敝金石乐未央，长保二亲宜姑公兮。

鉴　评：县为悬之本字，悬挂也。县璧，又或为作镜者之名。法为效法之意，《易·系辞上》："知崇礼卑，崇效天，卑法地。"烦，通蕃。主纹龙虎之间为一"五朱（铢）"钱纹。

图30　东汉中期　三羊铭六乳双龙虎镜

直　径：18.3厘米　重　量：686克

资　料：《嘉德2010秋拍》图6830

铭　文：三羊作竟真大巧，上有东王父西王母，渴饮玉泉兮。

鉴　评：镜缘五铢纹不多见。《汉书·武帝纪》："（元狩五年）罢半两钱，行五铢钱。"《汉书·食货志》："自孝武元狩五年三官初铸五铢钱，至平帝元始中，成钱二百八十亿万馀云。"

图31 东汉中期 池氏铭六乳龙虎交合镜

直　径：20.2厘米　重　量：1092克

资　料：《嘉德2011春拍·梦蝶轩》图746

铭　文：池氏作竟世未有，位至公卿中尚侍，上有东王父西王母，大吉。

鉴　评：铭文之"中尚（常）侍"是东汉时的一个官职，其能出入宫廷，侍从皇帝，权力很大。

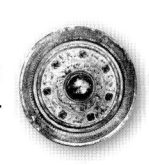

图32　东汉中期　宋氏铭七乳辟邪天禄镜

直　径：21.1厘米　重　量：1330克

资　料：《泓盛2013秋拍》图5081

铭　文：宋氏作竟大毋伤，名工刻之成文章，中□□□□中央，浮云三出连四方，七子九孙居中央，长保二亲宜侯王。

鉴　评：主纹下方有两个对跪羽人作捣药状。铭文内容第三、四句少见。

图33 东汉中期 陈氏铭七乳二虎追逐镜

资　料：《ARTIBUS ASIAE》图60

铭　文：陈氏作竟大无伤，长保二亲乐未央，八子九孙居高堂，左龙右虎主四旁，朱鸟玄武仙人羊，为吏宜官至侯王，上有辟邪去不祥，从今世昌。

鉴　评：二虎追逐，头部回望，角度有别。铭文内容体现了道家文化、祈祥禳灾文化。

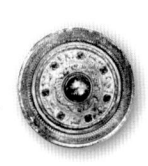

图34　东汉中期　尚方铭七乳龙虎镜

直　径：20.8厘米　重　量：1275克

资　料：《莹质天工 2011 秋拍》图 2204

铭　文：尚方作镜兮，世之少有，苍龙在左，白虎在右，作吏高位，万里辟萸不羊，利孙子兮。

鉴　评：萸，似当"去"字解，二字古音韵部相同，声音相近，可以通假。龙虎尾部之间有两个羽人一起捣药的图案。

图35 东汉中期 上有六畜铭七乳双龙虎镜

直　径：21.6厘米　重　量：1278克

资　料：村上英二《开明堂英华》图34

铭　文：□□□□□□安，采取善同出丹阳，和以银锡青且明，名工刻之成文章，上有六畜各异名，□□先主，大吉阳兮。

鉴　评：此铭第五句内容罕见。六畜，今泛指各种牲畜。这里应指瑞兽。

图版　丙　多乳交合类

图36　东汉中期　制取铭七乳双龙虎镜

直　径：20.5厘米　重　量：1281克

资　料：《嘉德2011秋拍》图90

铭　文：制取善铜出丹阳，和以铅锡青且明，名工刻之成文章，上有六畜各具名，……大吉阳。

鉴　评：铭文圈带呈弧状凸起，俗称"泥鳅背"，其问世年代按此可知早至东汉中期。

图37 东汉中期 张氏铭八乳双龙虎镜

直　径：18.1厘米　重　量：777克

资　料：《泓盛2013秋拍》图5050

铭　文：张氏作竟大□，长保二□中央，八子九孙至高堂，左龙右虎主四旁，上有辟邪去不阳，家富贵，大吉昌。

鉴　评：在多乳龙虎镜中，八乳在少见之列。

丁 显雄单龙类

以东汉中期为主

图号：图38—图45

在中国铜镜史上，这是一个特殊的镜类，龙身下部显雄特征与华夏民族的"含蓄"大相径庭。本书认为，用任何一种单独的说法去命名，都会产生主观、片面的后果。仔细观察图6、7（纪年铭文类）以及图38至图45等8镜中单龙的每一个显雄特征，其周围皆有"期待吸食（采精）者"，如乌龟、禽鸟等，偶尔又可在其附近见到羽人捣药、吹箫、杂耍、戏羊、导龙、投博等图案，说明这是一种仪式。为此，笔者提出，东汉龙虎镜的核心内容，除了综述所言之"修炼法象"外，同时还兼具长生长寿、富贵如意、祈祥禳灾等方面的功能。本书图9、138、139等其他单龙镜，皆不见显雄特征。

图38 东汉早中期 七乳显雄单龙镜

直　径：18.2厘米

资　料：《中原藏镜聚英》图73

鉴　评：龙体下方龟形瑞兽期待吸食（采精）。此类镜在本书列入8面，显雄单龙
　　　　图案表现了一种长生长寿的理念。

图 39　东汉早中期　尚方铭显雄单龙镜

直　径：15.6 厘米　重　量：568 克

资　料：《嘉德 2010 秋拍》图 6826

铭　文：尚方作竟真大巧，上有山人不知老□。

鉴　评：龙体下方龟形瑞兽期待吸食（采精）。

图40　东汉早中期　显雄单龙镜

直　径：13.4厘米　重　量：456克

资　料：《千石藏镜》图150

鉴　评：龙体下方龟形瑞兽期待吸食（采精）。

图41 东汉早中期 显雄单龙镜

直　径：18.3厘米　重　量：645克

资　料：《金懋2011春拍》图1200

鉴　评：龙体下方龟形瑞兽期待吸食（采精）。

图42　东汉早中期　显雄单龙镜

直　径：11.5厘米（汉尺5寸）　重　量：426克

资　料：《嘉德2009秋拍》图5700

鉴　评：龙体下方龟形瑞兽期待吸食（采精），龙头前方有一禽鸟。

图43 东汉早中期 显雄单龙镜

直　径：14.7厘米　重　量：690克

资　料：《金懋2011春拍》图1199

鉴　评：龙体下方禽鸟期待吸食（采精）。

图 44　东汉早中期　显雄单龙镜

直　径：12.0 厘米　重　量：420 克

资　料：《瑞平国际 2014 春拍》图 1553

鉴　评：龙体下方禽鸟期待吸食（采精）。

图45 东汉早中期 显雄单龙镜

直　径：11.2厘米
资　料：《中原藏镜聚英》图47
铭　文：且。

鉴　评：龙体下方禽鸟期待吸食（采精），龙头前有"且"字铭文。

戊 显雄龙虎类

以东汉中期为主

图号：图 46—图 52

与乙类（传承新莽类）镜相比，东汉中期的龙虎交合镜有了明显变化：其一，主纹工艺，谓之"浮雕"；其二，边缘形制，明显倾斜；其三，铭文内容，多姿多彩；其四，文字书体，自由放任；其五，m值较大，通常在4.5克／平方厘米上下。

在以显雄特征为主的东汉龙虎交合镜中，可以见到各种羽人动作：捣药、吹箫、杂耍、戏羊、导龙、投博……东汉时道家的"炼丹"、"（赴蓬莱仙山）采不死药"都是为了"长生长寿"，从这个角度去理解，一切就迎刃而解了。龙虎交合镜的"法象"为龙虎匹配，喻示着天地交泰、乾坤相契、阴阳调和，这是道家修炼内丹的宗旨；"龙虎胎息、吐故纳新"是修炼内丹的方法。

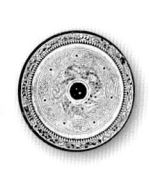

图46　东汉早中期　杜氏铭显雄辟邪天禄镜

直　径：17.0厘米　重　量：770克

资　料：《实成2012春拍》图699

铭　文：佳镜兮，乐未央，辟邪天禄居中央，杜氏所作成文章，服之吉利富贵昌，子孙备具金甫堂，传之后世以为常，男封列侯比□。

鉴　评：主纹表现为显雄合体，且在主纹下方有作为仪式的羽人吹箫图案，说明此镜是表达采精长生观念之典型器物。

图47 东汉早中期 原夫铭显雄辟邪天禄镜

直　径：14.4厘米　重　量：622克

资　料：《镜涵春秋》图126

铭　文：原夫镜始萌兮，涑五解之英华，日平平而无极兮，辟邪配天禄，奇守并未出兮，三乌与白虎，宜孙保子兮，各得所欲，吏人服之益官禄，白衣服之吉。

鉴　评：守，当通兽。主纹下方有羽人吹箫图案。

图48　东汉早中期　维杜尹铭显雄龙虎镜

直　径：14.8厘米　重　量：732克

资　料：《保利2014春拍》图7143

铭　文：维杜尹作明镜四夷服，风雨时节五谷孰，多贺国家人民息，长保二亲，与天无亟□□保。

鉴　评：龙体下方有羽人杂耍图案。

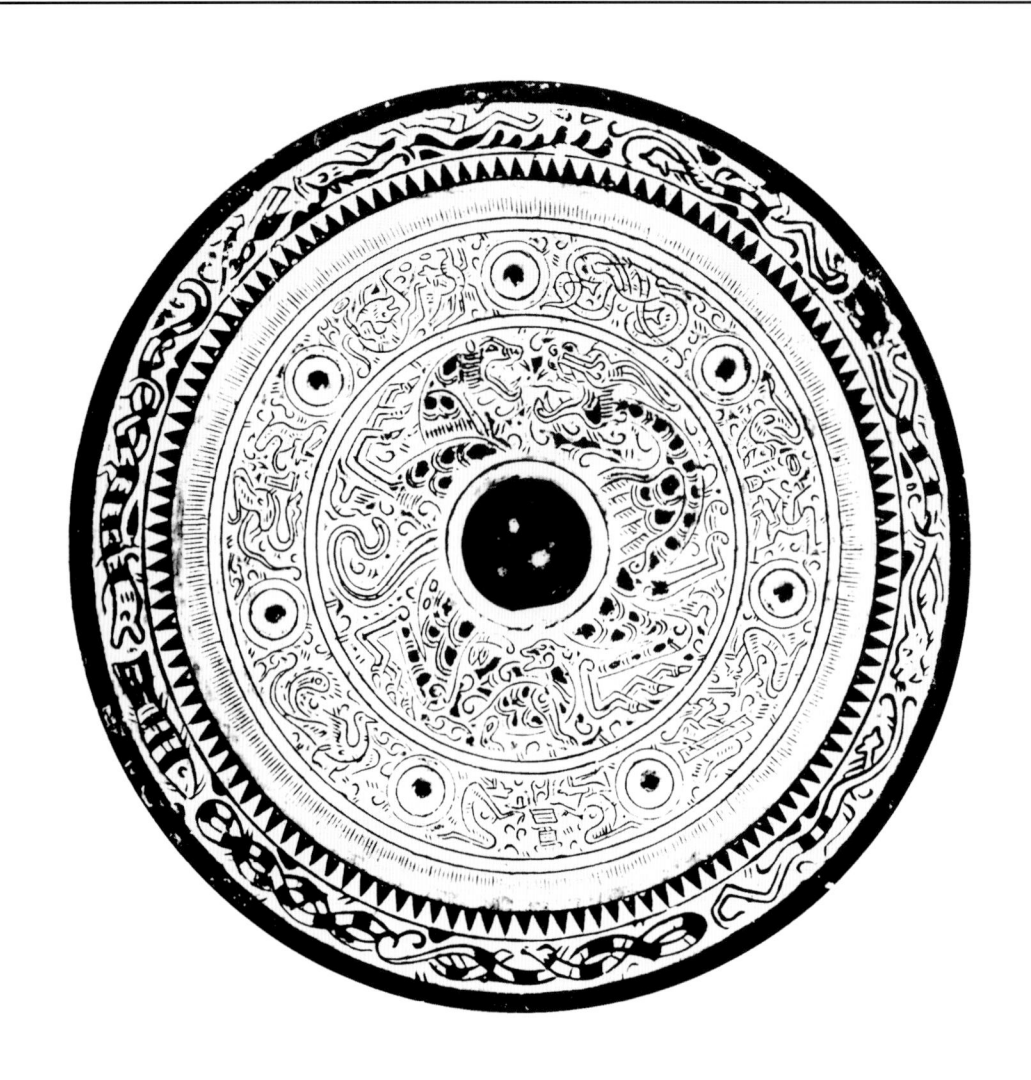

图49　东汉早中期　七乳显雄龙虎镜

直　径：19.1厘米　重　量：621克

资　料：《莹质神工　光耀阳羡》图119

鉴　评：主纹下方有龟形瑞兽期待吸食（采精）。

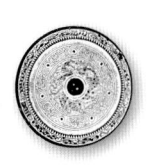

图 50　东汉早中期　尚方铭显雄龙虎镜

直　径：15.6 厘米　重　量：560 克

资　料：《金懋 2010 秋拍》图 1217

铭　文：尚方作竟真大巧，上有山人不知老，渴饮。

鉴　评：主纹下方有龟形瑞兽期待吸食（采精）。

图51 东汉早中期 青羊铭显雄龙虎镜

直　径：10.5厘米　重　量：344克

资　料：《嘉德 2011 春拍》图 844

铭　文：青羊作。

鉴　评：龙身下方有禽鸟期待吸食（采精）。

图 52　东汉早中期　显雄龙虎镜

直　径：13.2 厘米　重　量：544 克

资　料：《保利 2014 秋拍》图 5906

鉴　评：龙身下方显现雄性。

己 工匠署名类

以东汉中期为主

图号：图 53—图 148

这个镜类占有本书的最大篇幅，综述部分已言本书东汉龙虎镜的工匠署名有30余个。工匠署名从东汉早中期开始，成为一种风尚，并由此影响了其后的东汉晚期与三国时代。

　　日本学者有言，两千年前东汉时期的著名镜师（日本称谓），有青盖、驺氏、龙氏、杜氏、张氏等人，如同今西画界之梵高、毕加索，在中国铜镜史上，他们曾铸造出许多辉煌的作品。笔者认同这个观点。

图53 东汉中期 尚方铭龙虎交合镜

直　径：14.4厘米　重　量：650克

资　料：《嘉德2011春拍》图1127

铭　文：尚方作竟自毋伤，巧工刻之成文章，浮云连四方，交龙白虎居中央，子孙
　　　　烦息富贵寿。

鉴　评：东汉中期之"尚方"并非全部是真的尚方，其时多有假冒者。

图54 东汉中期 尚方铭龙虎交合镜

直　径：14.2厘米　重　量：680克

资　料：《西安文物精华·铜镜》图49

铭　文：周铭：尚方作竟大毋伤，浮云连出伟四方，白虎辟邪居中英，子孙烦息富
　　　　　　贵昌乐。

　　　　榜题：吉羊。

鉴　评：伟，通围。英，通央。烦，通繁。榜题两字"吉羊（祥）"完全否定了龙虎
　　　　对峙之说。

图55　东汉中期　尚方铭龙虎交合镜

直　径：13.2 厘米　重　量：527 克

资　料：《嘉德 2006 春拍》图 2636

铭　文：尚方作竟大真毋伤，□人明时大□，夫妻相重甚于威央。

鉴　评：此镜边缘表明，铸镜地有可能在淮南地区。

图56　东汉中期　尚方铭龙虎交合镜

直　径：17.7厘米　重　量：387克

资　料：张铁山先生

铭　文：尚方作竟真大□，上有仙人不□□，□大□□□。

鉴　评：虎头前伸出右前爪，应有多种含意，甚为特殊，留待后考。

图57 东汉中期 尚方铭二龙一虎镜

直　径：14.4厘米　重　量：614克

资　料：《正德2006秋拍》图267

铭　文：尚方作竟自有纪，羊吉清明，□父母，长宜兄弟利孙子，为吏高官得天理，寿如王，有官秩。

鉴　评：东汉镜铭内容多具道家、儒家之文化理念，亦多见名利、地位等世俗观念。

图 58　东汉中期　尚方铭双龙虎镜

直　径：12.5 厘米　重　量：435 克

资　料：《越地范金》第 156 页

铭　文：尚方作竟大毋伤，巧工刻之成文章，子孙备具乐未央。

鉴　评：新莽文化传承至东汉早期是主流，若干镜例说明，这种传承直至三国（如日本出土之"青龙三年"镜）。本书收录的元康三年铭七乳二龙一虎镜（图 8）表明，龙虎文化一直传承至西晋中期。

图59　东汉中期　尚方铭龙虎追逐镜

直　径：13.9厘米（汉尺6寸）　重　量：407克

资　料：《嘉德2006春拍》图2639

铭　文：尚方作竟大毋伤，左龙右虎辟不详，子孙昌，贾市万倍为□公。

鉴　评：详，通祥。追逐镜的出现，打破了龙虎镜必是合体的一统天下的局面。

图60 东汉中期 尚方铭辟邪天禄追逐镜

直　径：9.6厘米　重　量：230克

资　料：《中拍2010秋拍》图8082

铭　文：尚方作竟大无伤，子九孙居中央，寿如金石宜侯王。

鉴　评：龙虎镜作为一个大类，主纹多姿多彩：主角可以改（龙虎改辟邪天禄），
　　　　形式可以换（合体换追逐）。

图61 东汉早期 青盖铭龙虎交合镜

直　径：14.8厘米　重　量：828克

资　料：《保利2011秋拍》图7698

铭　文：青盖作竟四夷服，多贺国家人民息，胡虏殄灭天下复，风雨时节五谷孰，长保二亲得天力，传告后世乐无亟。

鉴　评："青盖"是东汉早期最著名的工匠之一，存世器物数量最多。据冈村秀典《后汉镜铭集释》505考证，"青盖"曾在尚方工作，后来独立经营。此镜主纹下方有羽人、瑞兽、禽鸟。

图 62　东汉早期　青盖铭二龙一虎镜

直　径：15.8 厘米　重　量：652 克

资　料：《嘉德 2009 秋拍》图 5713

铭　文：青盖作竟大毋伤，巧工刻之成文章，左龙右虎辟不羊，朱鸟玄武顺阴阳，子孙备具居中央。

鉴　评：从龙虎镜开始，东汉的大批能工巧匠，开创了中国铜镜铸造史上的又一个里程碑。

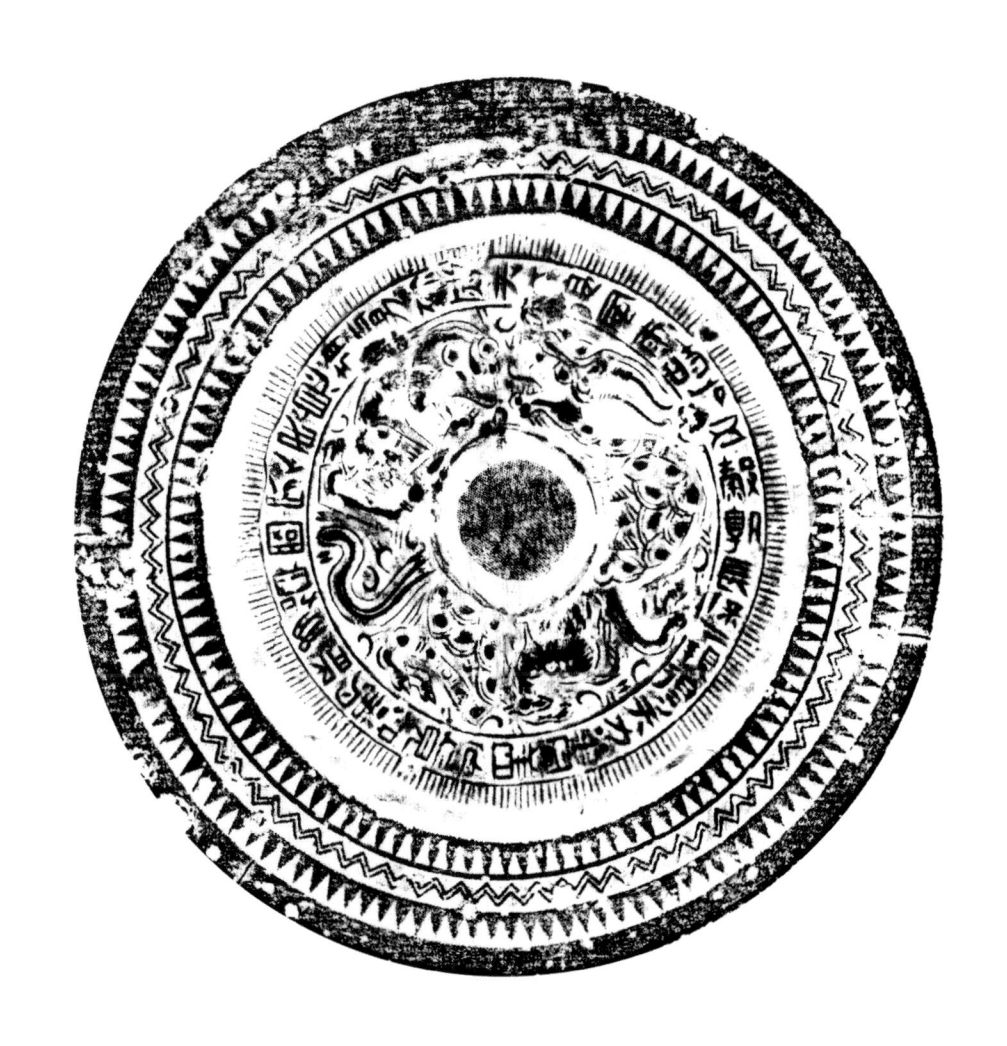

图63 东汉早期 青盖铭龙虎交合镜

直　径：12.0 厘米

资　料：《汉广陵国铜镜》图 145

铭　文：青盖作竟四夷服，多贺国家人民息，胡虏殄灭天下复，风雨时节五谷孰，长保二亲得天力。

鉴　评：铭文内容与龙虎主纹表明，署名工匠"青盖"之镜应处东汉早期。

图 64　东汉早期　青盖铭龙虎交合镜

直　径：12.8 厘米　重　量：640 克

资　料：《金懋 2011 春拍》图 1032

铭　文：青盖作竟四夷服，多贺国家人民息，胡虏殄灭天下复，风雨时节五谷孰，长保二亲得天力。

鉴　评：主纹下方有羽人、瑞兽。徐忠文、周长源《汉广陵国铜镜》图 145 系出土文物，铭文内容与此镜相同。

图65　东汉中期　青盖铭龙虎交合镜

直　径：11.1厘米　重　量：298克

资　料：《嘉德2010秋拍》图6880

铭　文：青盖作竟四夷服，多贺国家人民息，胡虏殄灭天下复，风雨时节五谷孰，长保二亲得天力，宜子孙。

鉴　评：与东汉早期镜相比，东汉中期镜有两个显著特点：其一，镜体侧面与照容面之夹角开始变小，侧面逐渐倾斜；其二，铭文内容或许还传承新莽，然而文字书体已有明显差异。

图66　东汉中期　青盖铭龙虎交合镜

直　径：12.1厘米　重　量：433克

资　料：张铁山先生

铭　文：青盖作竟四夷服，多贺国家人民息，胡虏殄灭天下复，风雨时节五谷孰。

鉴　评：铭文内容仍传承新莽文化，文字书体已相去甚远。

图 67　东汉中期　青盖铭龙虎交合镜

直　径：14.5 厘米　重　量：530 克

资　料：《嘉德 2010 秋拍》图 6827

铭　文：青盖东作竟四夷服，多贺国家人民息，胡虏□灭天下复，风雨时节五谷孰，长保二亲得天力兮，寿未央。

鉴　评：铭文内容仍传承新莽文化，文字书体已相去甚远。

图68 东汉中期 青盖铭二龙一虎镜

直　径：12.6厘米　重　量：664克

资　料：《嘉德2006秋拍》图3046

铭　文：青盖陈氏作竟四夷服，多贺国家人民息，胡虏□灭天下服，风雨时节五谷孰，长保二亲。

鉴　评：铭文内容仍传承新莽文化。此镜特别厚重，m值为5.33克/平方厘米。铭文首句署有二个工匠名，图72、97同，似少见，留待后考。

图69　东汉中期　青盖铭龙虎交合镜

直　径：14.5厘米　重　量：528克

资　料：《嘉德2006秋拍》图3025

铭　文：青盖东作竟四夷服，多贺国家人民息，胡虏□灭天下复，风雨时节五谷
　　　　孰，长保二亲得天力兮，寿未央。

鉴　评：与之前的铜镜铭文相比，铭文内容在传承中有了小变化。

图70 东汉中期 青盖铭龙虎交合镜

直　径：13.5 厘米

资　料：《中国青铜器全集·铜镜》图78

铭　文：青盖作竟四夷服，多贺国家人民息，胡□殄灭天下复，宜子。

鉴　评：与之前的镜铭相比，铭文内容在传承中有了小变化。

图71 东汉中期 青盖铭龙虎交合镜

直　径：11.6厘米（汉尺5寸）　重　量：380克

资　料：《中拍2011秋拍》图5075

铭　文：青盖作竟四夷服，多贺国家人民息，胡虏殄灭天下复，风雨时节五谷孰，长保二亲得天力。

鉴　评：在主纹布局中，左虎右龙稍多于左龙右虎。

图 72　东汉中期　青盖铭二龙一虎镜

直　径：12.7 厘米（汉尺 5 寸半）　重　量：665 克

资　料：《嘉德 2010 秋拍》图 6872

铭　文：青盖□氏作竟四夷服，多贺国家人民息，胡虏□□天下服，风雨时节五谷孰，长保二亲。

鉴　评：在主纹布局中，龙虎交合多于二龙一虎。

图73 东汉中期 青盖铭龙虎交合镜

直 径：10.1厘米 重 量：267克

资 料：《嘉德2005秋拍》图5419

铭 文：青盖。

鉴 评：虎头左下侧有"青盖"两字。主纹下方羽人似在杂耍。

图74 东汉中期 青盖铭龙虎交合镜

直　径：10.4厘米　重　量：262克

资　料：《镜涵春秋》图131

铭　文：青盖。

鉴　评：虎身下侧有"青盖"两字。

图 75　东汉中期　青胜铭龙虎交合镜

直　径：12.5 厘米　重　量：534 克

资　料：《嘉德 2010 秋拍》图 6790

铭　文：青胜作竟四夷服，多贺国家人民息，胡虏殄灭天下复，风雨时节五谷孰，长保二亲得天力，传告后世乐无呕兮。

鉴　评："青胜"与"青盖"两类铜镜的问世年代相近，风格一致，铭文多有传承关系，两者或为同一家族。此铭之"复"为异体字。主纹下方瑞兽作"吞食"状。

图 76　东汉中期　青胜铭龙虎交合镜

直　径：12.0 厘米　重　量：503 克

资　料：《嘉德 2011 春拍·梦蝶轩》图 806

铭　文：青胜作竟四夷服，多贺国家人民息，胡虏殄灭天下复，风雨时节五谷孰，长保二亲得天力，传告后世乐无亟兮。

鉴　评：此镜与图 75 相比，可谓大同小异。

图77　东汉中期　龙氏铭二龙一虎镜

直　径：14.1厘米　重　量：571克

资　料：《保利2012秋拍》图10087

铭　文：龙氏作竟四夷服，多贺君家人民息，胡羌殄灭天下复，风雨时节五，官位尊显蒙禄食，长保二亲乐无已。

鉴　评：因图5有铭"淮南龙氏"，故可与之比对。图77至图81共5镜之铭文完全相同，第4句都缺"谷孰"2字，字体又是一致的，似可认为出自同一作坊。

图78 东汉中期 龙氏铭二龙一虎镜

直　径：14.2厘米　重　量：595克

资　料：《泓盛2011秋拍》图1224

铭　文：龙氏作竟四夷服，多贺君家人民息，胡羌殄灭天下复，风雨时节五，官位尊显蒙禄食，长保二亲乐无已。

鉴　评：仔细观察，此镜与图77似为同模，或是同器。

图 79　东汉中期　龙氏铭二龙一虎镜

直　径：14.3 厘米　重　量：644 克

资　料：《镜涵春秋》图 124

铭　文：龙氏作竟四夷服，多贺君家人民息，胡虏殄灭天下复，风雨时节五，官位尊显蒙禄食，长保二亲乐无已。

鉴　评：龙氏镜制作精良、图案细致，可与青盖镜、青胜镜比美。

图 80　东汉中期　龙氏铭二龙一虎镜

直　径：14.2 厘米　重　量：652 克

资　料：《嘉德 2011 春拍》图 1126

铭　文：龙氏作竟四夷服，多贺君家人民息，胡羌殄灭天下复，风雨时节五，官位尊显蒙禄食，长保二亲乐无已。

鉴　评：仔细观察，此镜与图 77 似为同模，或是同器。

图81 东汉中期 龙氏铭二龙一虎镜

直　径：14.3厘米　重　量：590克

资　料：村上英二《开明堂英华》图38

铭　文：龙氏作竟四夷服，多贺君家人民息，胡羌殄灭天下复，风雨时节五，官位尊显蒙禄食，长保二亲乐无已。

鉴　评：此镜也与图77、78、80同模，然同模之时间稍晚，可见其文字略为模糊。

图82　东汉中期　龙氏铭二龙一虎镜

直　径：13.4厘米　重　量：1012克

资　料：《翰海2011秋拍》图2676

铭　文：龙氏作竟四夷服，多贺君家人民息，胡虏殄灭天下复，风雨时节五谷孰，
　　　　长保二亲子孙。

鉴　评：与图77至图81等5面龙氏镜相比，此镜可谓"别开生面"。由本书所收之
　　　　龙氏铭龙虎镜可知，此类镜主纹多作"二龙一虎"之图案。

图83　东汉早期　驺氏铭二龙一虎镜

直　径：13.4厘米　重　量：506克

资　料：《止水阁藏镜》图104

铭　文：驺氏作镜四夷服，多贺国家人民息，胡虏殄灭天下复，风雨时节五谷孰，长保二亲得天力，传告后世乐无呕。

鉴　评：此镜边缘图案、铭文内容与龙虎主纹表明，工匠"驺氏"应处东汉早期，驺氏在其时当是著名工匠之一。这些工匠在两千年前，创造了铜镜工艺美术的辉煌。

图84 东汉早中期 驺氏铭二龙一虎镜

直　径：13.2厘米

资　料：《山东省博物馆藏珍·铜镜》图43

铭　文：驺氏作镜四夷服，多贺国家人民息，胡房殄灭天下复，风雨时节五谷孰，
　　　　长保二亲得天力，传告后世乐无亟兮。

鉴　评：此镜与图83相比，基本相同，铭文末尾多了"兮"字。

图85　东汉早中期　驺氏铭龙虎交合镜

直　径：12.0厘米　重　量：468克

资　料：《镜涵春秋》图123

铭　文：驺氏作镜四夷服，多贺国家人民息，胡虏殄灭天下复，风雨时节五谷孰，长保二亲得天力。

鉴　评：主纹下方有羽人吹箫、杂耍。

图86　东汉早中期　驺氏铭龙虎交合镜

直　径：11.7厘米（汉尺5寸）　重　量：434克

资　料：《实成2011秋拍》图342

铭　文：驺氏作竟四夷服，多贺国家人民息，胡虏殄灭天下复，风雨时节五谷孰，长保二亲得天力兮。

鉴　评：主纹下方有羽人吹箫。"复"字为异体字。

图87 东汉中期 驺氏铭龙虎交合镜

直　径：11.5厘米（汉尺5寸）　重　量：290克

资　料：《嘉德2010秋拍》图6791

铭　文：驺氏作竟四夷服，多贺国家人民息，胡虏殄灭天下复，风雨时节五谷孰，长保二亲得天力，传告兮。

鉴　评：主纹下方有2个羽人在吹奏乐器。此类镜皆铸制工整，其图片变形应与拍摄角度有关。

图88 东汉中期 李氏铭龙虎交合镜

直　径：12.5厘米 重　量：460克

资　料：《金戀2010秋拍》图1139

铭　文：李氏作竟四，多贺国家人民息，胡虏殄灭天下，长保二得天力，传告后世。

鉴　评：如果先将青盖、青胜、龙氏、驺氏作为年代稍早、相对集中、铸造精良、作品存世较多之"第一梯队"的话，那么可把李氏、王氏、陈氏、张氏等工匠，列入年代偏后、相对分散、铸制一般、作品存世较少的"第二梯队"。

图89　东汉中期　李氏（单于）铭龙虎交合镜

资　料：《乐浪郡遗迹》图版1307，《ARTIBUS ASIAE》图56

铭　文：李氏作之竟诚清明，服之富贵寿命长，左龙右虎扶两旁，朱爵玄武从阴阳，单于来臣至汉强，子孙番息乐未央。

鉴　评：爵，通雀。此铭第5句涉及重要的外交内容，《汉镜文化研究·新莽镜"单于举士"铭研究》对汉王朝与匈奴关系有研讨。主纹下方有羽人杂耍。1924年，此镜出土于朝鲜平壤之汉乐浪郡遗址。此镜与大名鼎鼎的"居摄元年"铭纪年镜同时同地出土，尤显珍贵。

图90 东汉中期 李氏铭双虎镜

直　径：14.0厘米（汉尺6寸）　重　量：320克

资　料：《莹质神工　光耀阳羡》图158

铭　文：郑□□□□，李氏作竟四夷服，东王父，西王母，先人子桥赤松子作。

鉴　评：此铭内容已完全脱离新莽文化的影响。主纹图案标新立异，形如狮子。

图91 东汉中期 李氏铭龙虎交合镜

直　径：11.5厘米（汉尺5寸）　重　量：188克

资　料：《长沙市博物馆藏镜》图97

铭　文：李氏作镜夷服，多贺国家人民息，胡虏殄灭天下服，风雨时节五谷孰，长保二亲得天力。

鉴　评：此镜铭文内容仍是沿袭新莽文化的传统，与其它镜铭相比，首句缺"四"字，第三句以"服"代"复"。

图92 东汉中期 李师铭辟邪天禄镜

直　径：13.6厘米　重　量：580克
资　料：《嘉德2006春拍》图2613
铭　文：李师作竟真大巧，上有仙。

鉴　评：此镜花边精美，多姿多彩。

图 93　东汉中期　王氏铭二龙一虎镜

直　径：14.1 厘米　重　量：707 克

资　料：《嘉德 2011 春拍》图 848

铭　文：王氏作竟四夷服，多贺国家人民息，胡虏殄灭天下复，风雨时节五谷孰，长保二亲得天力，传告后世乐无亟。

鉴　评：时代造就文化，新莽文化对东汉早中期的影响很深。

图94 东汉中期 王氏铭龙虎交合镜

直　径：13.2厘米　重　量：471克

资　料：《保利2012春拍》图10067

铭　文：王氏作竟自有纪，涷治同清去下土，除去不羊宜古市，长保二亲。

鉴　评：此铭第二句系谓治炼过程。主纹下方羽人作"吹气"状。

图 95　东汉中期　王氏铭二龙一虎镜

直　径：12.0 厘米　重　量：424 克

资　料：《嘉德 2010 秋拍》图 6825

铭　文：王氏作竟四夷服，多贺君家人民息，胡虏殄灭天下复，风雨时节。

鉴　评：王氏镜多见二龙一虎之图案。

图96　东汉中期　王氏铭二龙一虎镜

直　径：11.8厘米　重　量：372克

资　料：《正德2006秋拍》图286

铭　文：王氏作竟四夷服，多贺君家人民息，胡房殄灭天下复，风雨时节。

鉴　评：此镜铸制可谓上乘。惜拍摄角度歪斜，以致图片不正。

图97 东汉中期 陈氏铭龙虎交合镜

直　径：13.0厘米　重　量：464克

资　料：《长沙市博物馆藏镜》图95

铭　文：青盖陈氏作竟四夷服，多贺国家人民息，胡虏殄灭天下服，风雨时节五谷
　　　　孰，长保二亲得天力兮。

鉴　评：陈氏铭镜类是一个较为多样化的品种，本书所列7面各有特色，耐人
　　　　寻味。

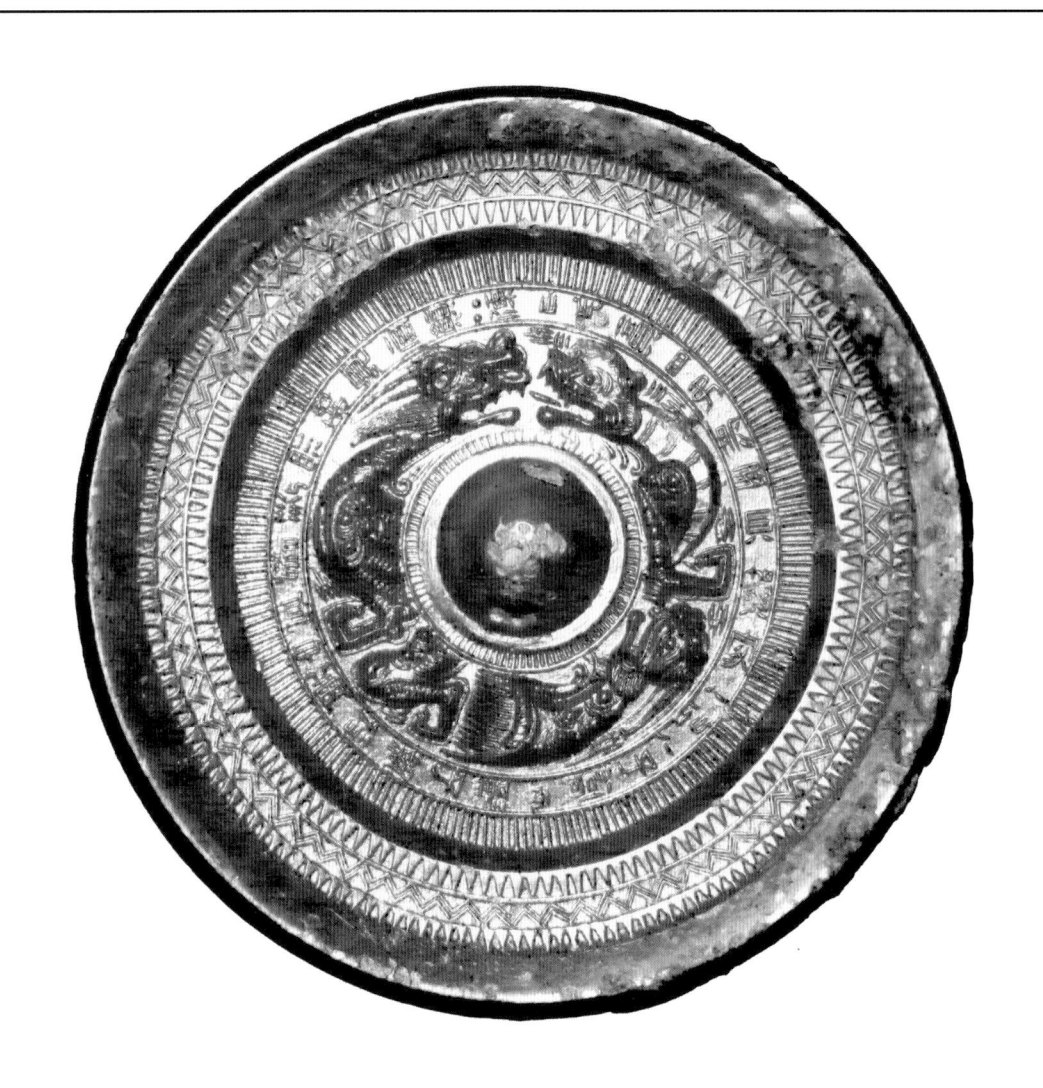

图 98　东汉中期　陈氏铭二龙一虎镜

直　径：12.2厘米　重　量：338克

资　料：台北一雅堂

铭　文：陈氏作竟四夷服，多□□家人，仙人子乔赤诵子，□待其，白牙□琴，众神见容，愿。

鉴　评：镜体精良，铭文内容属道家文化。第二句明显缺字，完整者应是"多贺国家人民息"。

图99　东汉中期　陈氏铭二龙一天禄镜

直　径：12.0厘米　重　量：349克

资　料：《嘉德2011秋拍》图133

铭　文：陈氏作竟四夷服，多贺国息人民息，胡虏殄灭天下复，雨时节五谷孰，长保二亲得天力。

鉴　评："二龙一天禄"主纹难得一见。

图 100　东汉中期　陈氏铭双龙单凤镜

直　径：13.9 厘米（汉尺 6 寸）　重　量：586 克

资　料：《保利 2011 秋拍》图 7645

铭　文：陈氏作竟四夷服，多国家人息，胡虏殄灭天下复，风雨时节五谷孰，长保二亲得天力。

鉴　评："双龙单凤"本书有 2 面，较为少见。

图101 东汉中期 陈众铭双龙双瑞兽镜

直　径：12.1厘米　重　量：357克

资　料：《金懋2011秋拍》图1177

铭　文：陈众作镜，好洁贾无双，悉，倚造众神，边则太一，乘云驾龙，选从群神，五帝三皇，并存，何耶当，道，駈虚除道，愿常，服者公卿，师命长。

鉴　评：此铭缺字甚多，对照此类铭文的标准语句（应有52句）可知，第三句应为"悉图万疆"，第九句应为"百精并存"，第十句应为"何耶敢当"，第十三句应为"愿常富贵"，第十五句应为"其师命长"。首句"众"字应是工匠之名。

图102 东汉中期 陈萌铭二龙一虎镜

直　径：11.6厘米（汉尺5寸）　重　量：471克

资　料：《保利2013秋拍》图11337

铭　文：陈萌作竟四夷服，多贺国家人民息，胡虏殄灭天下复，风雨时节五谷孰，长保二亲。

鉴　评：铭文和上图镜铭一样，首句"萌"字应是工匠之名。

图103　东汉中期　张氏铭龙虎交合镜

直　径：13.3厘米　重　量：516克

资　料：《保利2012春拍》图A64

铭　文：张氏作竟四夷服，胡虏殄灭多贤天下复，长保二亲乐毋亟，传告后世得天力兮。

鉴　评：东汉龙虎镜主纹下方之"伴兽"，多见禽鸟、乌龟，少见瑞兽。

图104 东汉中期 张氏铭龙虎交合镜

直　径：12.2厘米　重　量：450克

资　料：《中拍2010秋拍》图8081

铭　文：张氏作竟四夷服，多贺国家人民息，胡虏殄灭天下复，风雨时节五谷孰，
　　　　长保二亲得天力，传告后世乐毋亟。

鉴　评：铭文内容完全传承新莽文化。主纹下方有直立之怪兽。

图 105　东汉中期　张氏铭龙虎交合镜

直　径：12.6 厘米　重　量：564 克
资　料：《嘉德 2009 春拍》图 4783
铭　文：张氏作。

鉴　评：主纹下方羽人右手扶药缸，左手持捣杆，作捣药状。

图106 东汉中晚期 张氏铭龙虎交合镜

直　径：12.0厘米　重　量：403克
资　料：《泓盛 2011 秋拍》图 1306
铭　文：张氏作竟兮真大巧，上有天守不知老。

鉴　评：守，通兽。铭文与主纹皆已明显简化，龙虎头部之间图案应为灵芝。

图107 东汉晚期 张氏铭四虎镜

直　径：9.5厘米　重　量：200克

资　料：台北一雅堂

铭　文：张氏作竟大毋，巧工刻之文章，上有□□。

鉴　评：四虎少见，问世年代应在东汉晚期乃至更后。

图 108　东汉中期　青羊铭龙虎交合镜

直　径：12.3厘米　重　量：484克

资　料：《泓盛 2012 秋拍》图 012

铭　文：青羊作竟四夷服，多贺国家民人息，胡虏殄灭天下复，风雨时节五谷孰，成兮。

鉴　评："青羊"、"青盖"、"青胜"中的"青"字当有两种理解：其一，为姓；其二，"青"字号铜镜作坊。从本书图 97 来看，后者之说似更为可靠。依照现有资料，青盖、青胜多活跃在东汉早期，青羊时代较二人为晚。

图109　东汉中期　青羊铭龙虎交合镜

直　径：12.2厘米　重　量：378克

资　料：《嘉德2011秋拍》图136

铭　文：青羊作竟四夷服，多贺国家民人息，胡虏殄灭天下复兮。

鉴　评：主纹下方是瑞兽。镜缘处有4个五铢钱纹。

图110 东汉中晚期 青羊铭龙虎交合镜

直　径：10.3 厘米　重　量：286 克
资　料：《实成 2011 秋拍》图 418
铭　文：青羊。

鉴　评：主纹简化，铭文仅落"青羊"2 字，伴兽似大角鹿。

图111　东汉中晚期　青羊为志铭龙虎交合镜

直　径：10.2厘米　重　量：271克

资　料：《翰海2012春拍》图1835

铭　文：青羊为志。

鉴　评：此镜出于中国，图112镜由美国捐赠，似是同模。

图 112　东汉中晚期　青羊为志铭龙虎交合镜

直　径：10.0 厘米　重　量：295 克

资　料：上海博物馆《镜映乾坤》图 30

铭　文：青羊为志。

鉴　评：此镜来自美国捐赠。仔细观察此镜与图 111，二者难以区分，仅钮孔方向有别。两者似为同模。

图113 东汉中期 石氏铭龙虎交合镜

直　径：14.5厘米　重　量：/克

资　料：《浙江出土铜镜》彩版56

铭　文：石氏作竟世少有，仓龙在左，白虎居右，仙人子乔囗众于后，为吏高升贾万倍，辟去不详利孙子，千秋万岁生长久。

鉴　评：铭文内容完全是东汉特色：充满道家思想、祈求富贵吉祥。主纹下方有羽人吹箫。

图114　东汉中期　田氏铭双龙虎镜

直　径：16.1厘米（汉尺7寸）　重　量：705克

资　料：《嘉德2008春拍》图4486

铭　文：田氏作竟四夷服，多贺国家人民息，胡虏殄灭天下复，风雨时节五谷孰，长宜二亲得天力，传告。

鉴　评：此铭内容与图115相差无几，然其铭文之减笔、省偏旁等现象很多。"长保"被改成了"长宜"。

图 115　东汉中期　田氏铭二龙一虎镜

直　径：13.8厘米（汉尺6寸）　重　量：626克

资　料：《泓盛2012秋拍》图074

铭　文：田氏作镜四夷服，多贺国定人民息，胡虏殄灭天下服，风雨时节五谷孰，长保二亲得天力兮。

鉴　评：标准的汉尺6寸即今13.86厘米，可能铸造之时就是按6寸整的规格铸造。铭文内容完全传承新莽文化。

图 116　东汉中期　田氏铭龙虎交合镜

直　径：13.9厘米（汉尺6寸）　重　量：645克

资　料：《中国青铜器全集·铜镜》图78

铭　文：田氏作竟四夷服，多贺国家人民息，胡虏殄灭天下复，风雨时节五谷孰，长保。

鉴　评：主纹左下方有罕见的"羽人投博"图案，当引起重视。清华大学汉镜文化研究课题组《汉镜文化研究》上册研究篇对"博局"一事有详尽考证，可参见之。

图117　东汉中期　石氏铭天禄白虎交合镜

直　径：11.9厘米　重　量：370克

资　料：《越地范金》第157页图4

铭　文：石氏作竟四夷服，多贺国家人民息，胡虏殄灭天下复，风雨时节五谷孰，长保二亲得。

鉴　评：东汉龙虎镜铭文有见"白虎辟邪匹"、"辟邪配天禄"等内容。

图118　东汉中期　石氏铭龙虎交合镜

直　径：11.9厘米　重　量：448克

资　料：台北一雅堂

铭　文：周铭：石氏作竟世少有，仓龙在左，白虎居右，为吏高升贾万倍。
　　　　榜题：宜孙子。

鉴　评：龙虎头部之间有"宜孙子"3字。从此镜看，"龙虎对峙说"值得商榷。

图119　东汉中期　黄羊铭龙虎交合镜

直　径：13.7厘米（汉尺6寸）　重　量：651克

资　料：《嘉德2011春拍》图1053

铭　文：黄羊作竟四夷服，多贺国家人民息，胡虏殄灭天下复，风雨时节五谷孰，长保二亲得天力，传告后世乐无亟。

鉴　评：此镜铭文带呈弧状凸起（俗称"泥鳅背"），文字清晰度较高，说明此镜在两千年前，铸造精良，其后又使用甚少。主纹下方瑞兽似大角羊。

图120　东汉中期　黄羊铭龙虎交合镜

直　径：13.6厘米

资　料：樋口隆康《古镜图录》图145

铭　文：黄羊作竟四夷服，多贺国家人民息，胡虏殄灭天下复，风雨时节五谷孰，长保二亲得天力，传告后世乐无亟。

鉴　评：与图119相比，铭文内容一致，文字书体相近。仅铭文圈带布局稍有错位。

图121　东汉中期　黄羊铭龙虎交合镜

直　径：10.0厘米　重　量：352克
资　料：《嘉德2006秋拍》图3050
铭　文：黄羊作。

鉴　评：主纹左侧具铭："黄羊作。"主纹下方有图："羽人戏羊。"

图122 东汉中期 黄羊铭龙虎交合镜

直　　径：9.5厘米　重　量：214克

资　　料：台北一雅堂

铭　　文：黄羊。黄羊。

鉴　　评：与图121相比，多了龙虎头部之间的铭文，少了羽人图案。

图123 东汉中期 胡氏铭龙虎交合镜

直　径：11.8厘米　重　量：374克
资　料：《嘉德2007春拍》图5657
铭　文：胡氏作。

鉴　评：应该是写有文字的铭文带上，却铸以几何线条，或许当时发生过未知的特殊情况。

图124　东汉中期　胡氏铭龙虎交合镜

直　径：10.5厘米（汉尺4寸半）　重　量：222克
资　料：台北一雅堂
铭　文：胡氏。

鉴　评：细观边缘锯齿纹，其精细、清晰程度远不如东汉早期。

图125 东汉中期 胡氏铭辟邪天禄镜

直　径：14.0厘米（汉尺6寸）　重　量：697克

资　料：《嘉德2009春拍》图4782

铭　文：胡氏作镜世少有，仓龙在左，白虎在右，作吏高升沽万里，辟□羊，佑孙子，山人王乔赤诵子。

鉴　评：在传承新莽文化以后，从东汉中期开始，镜铭上多见关于道家、广告、财富、吉祥等内容。

图126 东汉中期 胡氏铭辟邪天禄镜

直　径：10.5厘米（汉尺4寸半）　重　量：222克

资　料：台北一雅堂

铭　文：胡。

鉴　评：主纹下方有羽人杂耍图案。

图127　东汉中期　宋氏铭双龙虎镜

直　径：12.3厘米　重　量：425克

资　料：《止水阁藏镜》图108

铭　文：宋氏作竟大毋伤，交龙辟邪顺阴阳，子孙备具宜侯王。

鉴　评：宋氏铭龙虎镜的存世量处于中等水平。

图128　东汉中期　宋氏铭双龙双虎镜

直　径：12.9厘米（汉尺5寸半）　重　量：481克
资　料：《嘉德2006春拍》图2629
铭　文：宋氏作竟真大巧，上有四守顺天道，长保二亲，子孙备具知老。

鉴　评：守，通兽。宋氏是东汉诸多工匠中善于创新，别具一格的特殊镜师。此镜之双龙双虎淡化了道家文化的观念。

图129　东汉中期　宋氏铭二龙镜

直　径：12.4厘米　重　量：478克

资　料：河南藏家

铭　文：宋氏作竟佳且好，明如日月照四□，子孙备具不知老，为吏高迁世之保。

鉴　评：此镜之主纹又是宋氏工匠的一个创新，两条龙对称而设，龙头正面对外，龙角分置两侧。

图 130　东汉中期　三羊铭双龙虎镜

直　径：12.7厘米（汉尺5寸半）　重　量：389克

资　料：《嘉德2010春拍》图7161

铭　文：三羊作竟大毋伤，巧工刻之成文章，乐未央。

鉴　评：仅就现有材料看，"三羊"应非姓氏，或为名字、名号，或为作坊名称。

图131 东汉中期 三羊铭龙虎交合镜

直　径：14.5厘米　重　量：439克

资　料：《翰海2012秋拍》图3012

铭　文：三羊作竟真大好，上有天守不知老，矣兮。

鉴　评：守，通兽，"上有天兽"还是道家文化的反映。

图 132　东汉中期　三羊铭四虎镜

直　径：9.6 厘米　重　量：171 克

资　料：台北一雅堂

铭　文：三羊作竟真大工，长宜子孙乐未央。

鉴　评：四虎布局不多见。

图133　东汉中期　田氏铭龙虎交合镜

直　径：11.9厘米　重　量：468克

资　料：《保利2013秋拍》图11391

铭　文：田氏作竟四夷服，多贺国家人民息，胡虏殄灭天下复，风雨时节五。

鉴　评：传承新莽文化，主纹下方瑞兽。

图 134　东汉中期　田生铭龙虎交合镜

直　径：14.5 厘米　重　量：651 克

资　料：《莹质神工　光耀阳羡》图 146

铭　文：田生作四服，多贺国家人民息，胡虏殄灭天下复，风雨时节五谷孰，长保二亲得天力，传告后乐。

鉴　评：传承新莽文化，主纹下方瑞兽。

图 135　东汉中期　刘氏铭双龙一虎镜

直　径：14.1 厘米　重　量：457 克

资　料：《实成 2012 春拍》图 648

铭　文：刘氏作竟四夷服，多贺国家人民息，胡虏殄灭下复，风雨时节五谷孰，长保二亲得天力，传告后世乐无亟。

鉴　评：东汉中期多有传承文化榜样。

图 136　东汉中期　杜氏铭三龙镜

直　径：14.8 厘米　重　量：674 克

资　料：《泓盛 2014 春拍》图 9542

铭　文：杜氏作竟四夷服，胡虏殄灭人民息，风雨时节五谷孰。

鉴　评：杜氏是东汉中晚期之著名工匠，此镜应是其早期之作。

图137 东汉中期 吴向里佰氏铭二龙一虎镜

直　径：12.0厘米　重　量：438克

资　料：《保利2014春拍》图7252

铭　文：吴向里佰氏作竟四夷服，多贺国家人民息，胡虏殄灭天下复，风雨时节五谷孰，长保二亲得天力。

鉴　评：在东汉画像镜中，"吴向里佰氏"铭有较多出现。

图 138　东汉中期　胡阳里朱师铭单龙镜

直　径：11.3 厘米　重　量：214 克
资　料：《实成 2012 春拍》图 589
铭　文：胡阳里。朱师作。

鉴　评：东汉镜有铭"扬州会稽山阴安本里"，以此可知，这是一个相当于今天"省—地区—市—乡镇"的行政隶属关系。胡阳里当为其时的"乡镇"地名。主纹上方有"羽人导龙"的图样。

图 139　东汉中期　朱家铭单龙镜

直　径：8.9厘米　重　量：97克
资　料：《泓盛2011秋拍》图1166
铭　文：朱家作。

鉴　评：主纹上方有"羽人导龙"图样。

图 140　东汉中晚期　袁氏铭龙虎交合镜

直　径：12.0 厘米　重　量：365 克

资　料：《瑞平 2014 春拍》图 1631

铭　文：袁氏作竟世少有，仓龙在左，白虎居右，为吏高升贾万倍。

鉴　评：主纹与铭文皆有简化。

图141 东汉中期 青龙铭龙虎交合镜

直 径：11.2厘米 重 量：321克

资 料：《保利2013秋拍》图11423

铭 文：青龙作竟世未有，白虎辟邪保父母，仙人天君寿命久，令君阳遂宜古市，子孙三百兮。

鉴 评：如同图108鉴评所说，"青龙"亦有可能是"青盖"或"青胜"的传人。主纹下方有羽人戏羚羊。

图 142　东汉中期　孟师铭辟邪天禄镜

直　径：14.5厘米　重　量：670克

资　料：《莹质神工　光耀阳羡》图 144

铭　文：孟师作镜真大工，巧工刻之成文章，上有辟邪与天禄，涑治铜锡大清明，四方服之宜侯王，子孙备具居中英，长保二亲乐未英。

鉴　评：铭文第 3 句为此镜命名的依据。

图 143　东汉中期　徐氏铭二龙镜

直　径：13.6 厘米　重　量：636 克

资　料：《嘉德 2011 秋拍》图 134

铭　文：徐氏作竟大毋伤，上有天禄居中央，四方具受各顺行，令人富贵如侯王。

鉴　评：此镜与图 129 主纹相近，有异曲同工之妙。

图144 东汉中期 蔡氏铭龙虎交合镜

直　径：11.5厘米（汉尺5寸）　重　量：422克

资　料：《保利2012春拍》图 A58

铭　文：蔡氏作竟四夷服，多贺君家人民息，胡虏殄灭天下复，大吉羊，宜侯王。

鉴　评：此镜铸制相当精细，蔡氏当为能工巧匠也！惜传世甚少。

图 145　东汉中期　夏氏铭二虎追逐镜

直　径：10.1 厘米　重　量：207 克

资　料：《金戀 2011 秋拍》图 1029

铭　文：夏氏作竟四夷服，多贺国。

鉴　评：与图 144 相比，此镜的总体水准相距甚远。

图146　东汉中期　周仲铭龙虎交合镜

直　径：11.6厘米（汉尺5寸）　重　量：447克

资　料：《镜涵春秋》图132

铭　文：周仲作竟四夷服，多贺国家人民息，胡虏殄灭天下复，风雨时节五谷孰，长保二亲乐无亟。

鉴　评：周仲系东汉中晚期之际的著名工匠，其署名尤多见于画像镜铭文。主纹下方瑞兽有"期待状"。

图147　东汉中期　原夫铭辟邪天禄镜

直　径：15.8厘米　重　量：822克

资　料：《莹质神工　光耀阳羡》图154

铭　文：原夫作竟，涑五斛之英华，□□而无呕兮，上有辟邪与天禄，宜孙保子兮，各得所欲，吏人服之益禄，白衣服之金财足，小人服，在所，胡氏。

鉴　评：依据出土资料，"原夫"铭之镜多出自绍兴地区。

图148 东汉中期 遗杜氏铭辟邪天禄镜

直　径：15.1厘米　重　量：666克

资　料：《莹质神工　光耀阳羡》图159

铭　文：遗杜氏作镜兮四夷服，官位尊显蒙禄食，幸逢时年兮五谷孰，多贺名工刻画兮，边则太一，参驾神龙，辟邪配天禄，奇守并来出兮，三鸟□兮，寿如金石兮，汉羽习兮。

鉴　评：镜体铸造精良，边缘图案华美，文字清晰可读，铭文内容出彩，在龙虎镜中较为少见。主纹下方有羽人吹箫。

附录一

以东汉中晚期为主

图号：图 149—图 204

东汉龙虎镜之核心为龙虎交合类，有着丰富的道家文化内涵。随着历史的发展、时间的推移，其"法象"亦产生了重大变化。本文将其分成了如下15个品种：1.辅以羽人；2.单龙；3.单虎；4.龙虎追逐；5.二龙一虎；6.一龙二虎；7.双龙虎；8.四虎；9.蟾蜍龙虎；10.蛇纹单龙；11.钱纹龙虎；12.宽素缘；13.乳钉纹；14.印章纹；15.龙凤纹。

东汉晚期乃至以后，历经三国、两晋，直至南北朝，虽作为"法象"的龙虎镜还存在，然其文化内涵淡漠了，镜体尺寸变小了，铸制工艺粗糙了，镜缘三角明显了。

图 149　东汉中晚期　羽人捣药龙虎镜（一）

直　径：12.2 厘米　重　量：395 克
资　料：《保利 2014 春拍》图 7253

图 150　东汉中晚期　羽人捣药龙虎镜（二）

直　径：11.7 厘米　重　量：313 克
资　料：台北一雅堂

图 151　东汉中晚期　羽人杂耍龙虎镜

直　径：11.5 厘米　重　量：360 克
资　料：《中拍 2011 秋拍》图 5079

图 152　东汉中晚期　羽人导龙单龙镜

直　径：11.8 厘米　重　量：292 克
资　料：《嘉德 2005 秋拍》5425

图 153　东汉中期　羽人吹箫龙虎镜（一）

直　径：12.7 厘米　重　量：525 克
资　料：《金懋 2011 春拍》图 1083

图 154　东汉中期　羽人吹箫龙虎镜（二）

直　径：12.9 厘米　重　量：480 克
资　料：台北一雅堂

图 155　东汉中晚期　羽人吹箫龙虎镜（三）

直　径：11.5 厘米　重　量：318 克
资　料：《正德 2006 秋拍》图 339

图 156　东汉中晚期　人面凤鸟单龙镜

直　径：12.0 厘米　重　量：330 克
资　料：《祥云 2011 秋拍》2164

图157　东汉中晚期　虎头低垂龙虎镜

直　径：11.1厘米　重　量：286克
资　料：《嘉德2006秋拍》图3028

图158　东汉中晚期　虎头正面龙虎追逐镜

直　径：10.5厘米　重　量：201克
资　料：《嘉德2010秋拍》图6789

图 159　东汉中晚期　二龙一虎镜（一）

直　　径：11.8 厘米　重　量：401 克

资　　料：《嘉德 2008 春拍》图 4489

图 160　东汉中晚期　二龙一虎镜（二）

直　　径：11.2 厘米　重　量：359 克

资　　料：《实成 2012 春拍》图 649

图161　东汉中晚期　上方铭二龙一虎镜

直　径：11.2厘米　重　量：270克
资　料：河南藏家

图162　东汉中晚期　一龙二虎镜

直　径：11.0厘米　重　量：340克
资　料：《金懋2011迎春》图1242

图163　东汉中晚期　巧工铭双龙虎镜

直　径：12.7厘米　重　量：388克
资　料：《嘉德2011秋拍》图86

图164　东汉中晚期　车骑铭双龙虎镜

直　径：13.7厘米　重　量：499克
资　料：《嘉德2006春拍》图2626

图165　东汉中晚期　无铭双龙虎镜（一）

直　径：12.1厘米　重　量：287克
资　料：台北一雅堂

图166　东汉中晚期　无铭双龙虎镜（二）

直　径：13.6厘米　重　量：484克
资　料：台北一雅堂

图 167　东汉中晚期　乌龟期待单龙镜

直　径：9.0 厘米　重　量：570 克
资　料：《瑞平国际 2014 春拍》图 1632

图 168　东汉中晚期　小鸟期待单龙镜

直　径：14.5 厘米　重　量：439 克
资　料：《翰海 2012 秋拍》图 3012

图 169　东汉中晚期　单龙镜（一）

直　径：13.2 厘米　重　量：625 克
资　料：《景星麟凤 2010 秋拍》图 1216

图 170　东汉中晚期　单龙镜（二）

直　径：9.9 厘米　重　量：120 克
资　料：台北一雅堂

图171 东汉中晚期 朱鸟铭羽人单虎镜

直 径：10.4厘米 重 量：96克
资 料：河南藏家

图172 东汉中晚期 无铭单虎镜

直 径：9.9厘米 重 量：260克
资 料：《莹质神工 光耀阳羡》图153

图 173　东汉中晚期　钱纹单虎镜

直　径：10.6厘米　重　量：172克
资　料：台北一雅堂

图 174　东汉中晚期　李氏铭单虎镜

直　径：10.3厘米　重　量：243克
资　料：台北一雅堂

图 175　东汉中晚期　四虎镜

直　径：11.8 厘米　重　量：523 克
资　料：《翰海 2012 春拍》图 1913

图 176　东汉中晚期　蟾蜍纹龙虎镜

直　径：8.5 厘米　重　量：208 克
资　料：台北一雅堂

图177 东汉中晚期 辟邪天禄镜(一)

直　径：11.6 厘米　重　量：312 克
资　料：《中国青铜器全集·铜镜》图 78

图178 东汉中晚期 辟邪天禄镜(二)

直　径：14.1 厘米　重　量：592 克
资　料：《镜涵春秋》图 125

图 179　东汉中晚期　辟邪天禄镜（三）

直　径：12.5 厘米　重　量：495 克
资　料：《汉雅堂藏镜》图 158

图 180　东汉中晚期　辟邪天禄镜（四）

直　径：11.7 厘米　重　量：488 克
资　料：《嘉德 2010 春拍》图 7146

图 181　东汉中晚期　辟邪天禄镜（五）

直　径：11.5 厘米　重　量：312 克
资　料：《泓盛 2012 秋拍》图 047

图 182　东汉中晚期　辟邪天禄镜（六）

直　径：10.6 厘米　重　量：311 克
资　料：《嘉德 2005 秋拍》图 5433

图 183　东汉中晚期　长舌交会龙虎镜

直　径：14.4 厘米　重　量：527 克
资　料：《嘉德 2007 春拍》图 5640

图 184　东汉中晚期　正向面部单虎镜

直　径：11.2 厘米　重　量：162 克
资　料：河南藏家

图185　东汉中晚期　双蛇纹单龙镜

直　径：11.0厘米　重　量：209克
资　料：《莹质神工　光耀阳羡》图157

图186　东汉中晚期　三乳钉龙虎镜

直　径：10.2厘米　重　量：232克
资　料：台北一雅堂

图 187　东汉中晚期　大泉五十纹龙虎镜

直　径：11.3 厘米　重　量：219 克
资　料：《止水阁藏镜》图 111

图 188　东汉中晚期　尚方铭五铢纹龙虎镜

直　径：12.2 厘米　重　量：446 克
资　料：河南藏家

图189　东汉中晚期　五铢纹龙虎镜（一）

直　径：9.4厘米　重　量：216克
资　料：台北一雅堂

图190　东汉中晚期　五铢纹龙虎镜（二）

直　径：11.8厘米　重　量：361克
资　料：《实成2011秋拍》图397

图 191　东汉中晚期　五铢纹龙虎镜（三）

直　径：11.2厘米　重　量：272克
资　料：《嘉德2005秋拍》图5436

图 192　东汉中晚期　五铢纹龙虎镜（四）

直　径：9.6厘米　重　量：193克
资　料：《嘉德2007秋拍》图4721

图 193　东汉中晚期　五铢纹龙虎镜（五）

直　径：9.9 厘米　重　量：217 克
资　料：《嘉德 2008 春拍》图 4491

图 194　东汉中晚期　宽素缘单龙镜

直　径：10.7 厘米　重　量：294 克
资　料：台北一雅堂

图 195　东汉中晚期　宽素缘龙虎镜（一）

直　径：10.3 厘米　重　量：290 克
资　料：上海止水阁

图 196　东汉中晚期　宽素缘龙虎镜（二）

直　径：12.8 厘米　重　量：479 克
资　料：《保利 2014 春拍》图 7168

图 197　东汉中晚期　宽素缘龙虎镜（三）

直　径：12.1厘米　重　量：355克
资　料：《金懋 2010 秋拍》图 1218

图 198　东汉中晚期　宽素缘龙虎镜（四）

直　径：12.8厘米　重　量：446克
资　料：台北一雅堂

图 199　东汉中晚期　五印章纹龙虎镜

直　径：13.4 厘米　重　量：274 克
资　料：《嘉德 2010 秋拍》图 6871

图 200　东汉中晚期　六印章纹龙虎镜

直　径：14.0 厘米　重　量：340 克
资　料：《中拍 2010 秋拍》图 8085

图 201　东汉中晚期　陈氏铭双龙单凤镜

直　径：12.5 厘米　重　量：350 克
资　料：《中拍 2010 秋拍》图 8080

图 202　东汉中晚期　龙凤镜（一）

直　径：10.4 厘米　重　量：167 克
资　料：台北一雅堂

图 203　东汉中晚期　龙凤镜（二）

直　径：9.0 厘米　重　量：197 克
资　料：《泓盛 2014 秋拍》图 3373

图 204　东汉中晚期　龙凤镜（三）

直　径：10.1 厘米　重　量：216 克
资　料：《清华镜聚英》图 45

附录二

东汉晚期至南北朝

图号：图 205—图 236

为了全面考察东汉龙虎镜，我们将东汉晚期直至南北朝的龙虎镜附收于书末。进一步观察这些龙虎镜，可知龙纹少了，虎纹多了。虎纹的种类尤其丰富，如：钱币单虎、单虎、双虎、二虎追逐、三虎等。

图 205　东汉晚期至南北朝　龙虎交合镜（一）

直　径：8.5 厘米　重　量：114 克
资　料：台北一雅堂

图 206　东汉晚期至南北朝　龙虎交合镜（二）

直　径：10.0 厘米　重　量：201 克
资　料：台北一雅堂

图 207　东汉晚期至南北朝　龙虎交合镜（三）

直　径：9.3 厘米　重　量：133 克
资　料：台北一雅堂

图 208　东汉晚期至南北朝　龙虎交合镜（四）

直　径：11.7 厘米　重　量：338 克
资　料：台北一雅堂

图209　东汉晚期至南北朝　一龙二虎镜（一）

直　　径：9.8厘米　重　量：245克
资　　料：《金懋2010秋拍》图1082

图210　东汉晚期至南北朝　一龙二虎镜（二）

直　　径：9.8厘米　重　量：201克
资　　料：台北一雅堂

图 211　东汉晚期至南北朝　双龙虎镜

直　径：10.0 厘米　重　量：231 克

资　料：台北一雅堂

图 212　东汉晚期至南北朝　特殊龙虎交合镜

直　径：8.9 厘米　重　量：139 克

资　料：台北一雅堂

图 213　东汉晚期至南北朝　钱纹龙虎镜

直　径：9.8 厘米　重　量：200 克
资　料：台北一雅堂

图 214　东汉晚期至南北朝　钱纹单虎镜

直　径：9.5 厘米　重　量：165 克
资　料：《金懋 2011 春拍》图 1033

图 215　东汉晚期至南北朝　龙虎追逐镜

直　径：9.5 厘米　重　量：210 克

资　料：台北一雅堂

图 216　东汉晚期至南北朝　单龙镜（一）

直　径：10.9 厘米　重　量：215 克

资　料：台北一雅堂

图 217　东汉晚期至南北朝　单龙镜（二）

直　径：10.8厘米　重　量：197克
资　料：台北一雅堂

图 218　东汉晚期至南北朝　单龙镜（三）

直　径：9.0厘米　重　量：123克
资　料：台北一雅堂

图 219　东汉晚期至南北朝　单虎镜（四）

直　径：9.5厘米　重　量：177克
资　料：台北一雅堂

图 220　东汉晚期至南北朝　单虎镜（五）

直　径：11.6厘米　重　量：279克
资　料：台北一雅堂

图 221　东汉晚期至南北朝　双虎镜（一）

直　径：9.2 厘米　重　量：192 克
资　料：《嘉德 2010 秋拍》图 6881

图 222　东汉晚期至南北朝　双虎镜（二）

直　径：10.4 厘米　重　量：163 克
资　料：台北一雅堂

图 223　东汉晚期至南北朝　双虎镜（三）

直　径：8.5厘米　重　量：73克
资　料：台北一雅堂

图 224　东汉晚期至南北朝　双虎镜（四）

直　径：8.8厘米　重　量：135克
资　料：台北一雅堂

图 225　东汉晚期至南北朝　双虎镜（五）

直　径：11.2 厘米　重　量：203 克
资　料：台北一雅堂

图 226　东汉晚期至南北朝　二虎追逐镜（一）

直　径：10.0 厘米　重　量：110 克
资　料：台北一雅堂

图 227　东汉晚期至南北朝　二虎追逐镜（二）

直　径：9.3厘米　重　量：117克
资　料：台北一雅堂

图 228　东汉晚期至南北朝　二虎追逐镜（三）

直　径：8.4厘米　重　量：117克
资　料：台北一雅堂

图 229　东汉晚期至南北朝　三虎镜（一）

直　径：11.0 厘米　重　量：376 克
资　料：《嘉德 2010 秋拍》图 6788

图 230　东汉晚期至南北朝　三虎镜（二）

直　径：9.1 厘米　重　量：145 克
资　料：台北一雅堂

图231 东汉晚期至南北朝 三虎镜(三)

直　径：8.9厘米　重　量：465克
资　料：台北一雅堂

图232 东汉晚期至南北朝 三虎镜(四)

直　径：8.8厘米　重　量：93克
资　料：台北一雅堂

图233　东汉晚期至南北朝　三虎镜（五）

直　径：10.7厘米　重　量：324克
资　料：台北一雅堂

图234　东汉晚期至南北朝　三虎镜（六）

直　径：9.9厘米　重　量：179克
资　料：台北一雅堂

图 235　东汉晚期至南北朝　三虎镜（七）

直　径：9.0厘米　重　量：101克
资　料：台北一雅堂

图 236　东汉晚期至南北朝　三虎镜（八）

直　径：9.4厘米　重　量：145克
资　料：台北一雅堂